الليلة الثانية بعد الألف

[سيرة مكان]

دار طريق للنشر

الليلة الثانية بعد الألف– رواية

شوقي عبيد الزطمة: كاتب من فلسطين

لوحة الغلاف: الفنانة رؤى رشاد

الإشراف العام والإخراج الفني: أحمد الحاج أحمد

الطبعة الأولى: 2018

دار طريق للنشر والتوزيع

Contact us

E-mail: tareegepub@gmail.com

Facebook FB/ tareeg.kitaba

Mob: +972592692580

الترقيم الدولي ISBN
9780359111930

الليلة الثانية بعد الألف

رواية

شوقي عيد الزطمة

إلى أرواح الغائبين:

أبي عبيد، وأمي فاطمة، وخالتي نعمة

الليلة الثانية بعد الألف:

عالم الرواية وروائية المكان

يرصد الروائي، بقدرةٍ بالغةٍ، تفاصيل ومساراتٍ، تنقل طبيعة الحياة في فندقٍ صغيرٍ ورخيصٍ، من فنادق وسط البلد في العاصمة المصرية، القاهرة، منذ إنشائه حتى تفككه، وتفرق العاملين فيه، بالتزامن مع اندلاع ثورة يناير، في إطار الربيع العربي. ويعرض للعلاقات الإنسانية، التي تتبنى بفعل المكان وطبيعته الوظيفية والعمرانية، في سيرةٍ تختلط فيها اللغة، وتتكسر حدود العادات، وتحكم المصلحة والنفعية مساراتها، في جوٍ شعبيٍ خفيف الظل، يتناول المسألة القديمة الجديدة، المتمثلة في لقاء الغرب والشرق، فالفندق لا يستقبل إلا السائحين الأجانب، ومالكوه والعاملون فيه من أحياء القاهرة الشعبية، ليتحول المكان إلى مسرح للقضية التي لا تنتهي الكتابة فيها، قضية لقاء الحضارات.

لقد خلقت الإحداثيات الروائية، من زمان ومكان، شخصياتٍ يمكن وصفها بالاقتصادية، بمعنى أن سلوك ومواقف هذه الشخصيات ترتبط ارتباطاً عضوياً بالمال، كما أنشأت الطبيعة

الوظيفية للفندق نمطين من الشخصيات، الأول، والمتمثل بالسياح الأجانب، يشكل فرصة الثاني، المتمثل بالعاملين المصريين، ورغبتهم العارمة في التخلص من الفقر، وتحقيق حياة كريمة، تأبى التحقق في بيئةٍ ينعدم فيها الحد الادنى من مقومات الحياة، في حين يمثل الثاني للأول ملاذاً شعورياً، وتجربةً جديدةً، ينفتح فيها على العالم الشرقي، الذي لطالما قرأ عن سحره في الكتب.

وعلى الرغم من أن البيئة الروائية بمجملها، تتعلق بالسياق النفعي المصلحي الاقتصادي، إلا أن الروائي استطاع خلق عالمٍ نفسي حميم، بين النمطين سالفي الذكر، أحاطت بصبغة التجريدية الاقتصادية، التي تفرضها طبيعة المكان، ووظيفيته. وقد حقق ذلك من خلال أمرين، أولهما المضامين السلوكية الأخلاقية، من جنسٍ وحشيشٍ وزواجٍ عرفي، وخروج عن العادات والتقاليد، وتمثل الآخر في التعبير اللغوي، وطبيعته السلسة والمرحة، التي جاءت في مستوى اللهجة العامية، على ألسنة الشخصيات المصرية الشعبية، ضمن تراكيب وكلاشيهات خفيفة اللفظ، مرحة المحتوى، تحتوي على الكثير من التلميح، وفي المستوى الفصيح، اقتربت لغة الروائي من

المستوى المحكي، فكانت سريعة الانتقال، سهلة المنال، وذات مجرىً سيال، وفيها من الهمز والهزل والسخرية ما فيها.

ولم يجتهد الروائي كثيراً في البناء الزمني للأحداث، فجاء عادياً، تراتبياً، سلساً في ارتباطه بالمواقف، وتطوره معها، منسجماً مع التكنيك الروائي، المتمثل بتكنيك الراوي المراقب غير المنفعل.

إجمالاً، لقد استطاع شوقي عبيد الزطمة في عمله الروائي الأول، الدخول إلى عالم السيرة باقتدار، يعكسه رؤيته البنائية الإجمالية، ومهارته في خلق عالمٍ لغوي ينبض بالحياة.

الناشر

١٠

[١]

كان المكان قد أخذ في الاستيقاظ من سباته الليلي: شمس الربيع الدافئة غطت فناء الهوتيل، لا تحجبها سوى شجيرات صغيرة تنتشر بشكل عبثي جميل أمام غرف النزلاء، شاب إيطالي وصديقته يجلسان تحت إحداها، يتناولان الإفطار، ويحتسيان القهوة بهدوء وسكينة، لا يعكر صفوها سوى مواء القطط المنتشرة في الفناء، تلتهم بقايا الطعام التي كان يجود بها الخواجات من نزلاء الفندق، صوت عبد الباسط عبد الصمد يأتي خفيفا من المطبخ، معلنا وصول عم نجاح.

خرج أحمد الشهير بالياباني من إحدى الغرف، يفرك عينيه بعد أن غفا ساعتين بعد أذان الفجر، ورمى جسده الثقيل على الكرسي خلف الريسبشن، ملأ البراد الكهربائي بالماء، وضغط الزر وترك الماء ليغلي، بينما انشغل في وضع ملعقتين من الشاي، وثلاثاً من السكر في كأس، سكب الماء، وأخد يحرك بهمة حتى أصبح كوبية، ثم بدأ في ارتشافه رويدا رويدا، دخل عادل الشهير بعادل ويسكي، يحمل عقدين من الفل:

- معايا أربع سياح طليان طالعين الهرم وسفارة الساعة سبعة ونص، نازلين في أوضة ٣٧.

نظر الياباني إلى عادل ويسكي باستغرابٍ واشمئزاز، وسأله:

- مين من الفندق اتصل بيك عشانهم؟

- لا مفيش، أنا ربطت معاهم في الشارع، وادوني نمرة الإوضة، وطلبوا مني أعدي عليهم سبعه ونص، اتوكل على الله وروح فوقهم، الساعة دلوقتي سبعة، وعايزين نص ساعة لما يجهزوا، أكون أنا شربت معاك الشاي.

تكدر وجه الياباني واكفهر، وكان حين يتكدر صفوه يبدو وكأن جسده تضاعف، نظر في دفتر النزلاء طويلاً، وهو

يقلب الأوراق أماماً وخلفاً، ثم أغلقه وتوجه كعادته ببطءٍ كالسلحفاة إلى غرفة ٣٧، ليوقظ السائحين الطليان، كان يشبه السلحفاة شكلاً وطباعاً، فهو قصير اليدين والقدمين، متكور البطن، ناحل المؤخرة، فيبدو وكأن ظهره يمتد منبسطاً إلى فخذيه، وكان يعرف ذلك جيداً، فجعل من السلحفاة حيوانه المفضل، والتقط صوراً مع أنواع كثيرة منها، وعلقها على جدران شقته.

توجه عادل ويسكي إلى البراد الكهربائي، ضغط الزر، ووضع ثلاث ملاعق من الشاي، وأربعاً من السكر في الكأس، ثم سكب الماء وحركه بسرعة، أشعل سيجارته، وبدأ في ارتشاف الشاي. عاد الياباني إلى كرسيه، وهو لا يزال ينظر إلى عادل ويسكي والاشمئزاز لا يفارقه، وهذا كل ما يستطيع فعله، فهو مسالم إلى أبعد الحدود، لا يرجو من هذه الدنيا الفانية سوى سيجارة الحشيش.

أخذ ويسكي يرتشف الشاي، ويمج سيجارته بأريحية، وهو ينظر إلى الياباني نظرة الضبع المنتصر. كان خليطاً من الفهلوي والبلطجي، في منتصف العشرينات من عمره، داكن البشرة، طويلٌ، مفتول العضلات، فيه شيءٌ من الوسامة،

تجذب إليه الجنس الآخر من السائحات الخواجات، يتكلم الإنجليزية بتكسير واضح، وقد تلقى علوم الفهلوة والبلطجة على يد أبيه ويسكي الكبير، الذي كان يعمل سائقاً للسياح لدى فنادق وسط البلد، والأهم أنه كان مخبراً لدى شرطة السياحة والآداب وأمن الدولة، يتقاسم ما يحصل عليه مع الضباط وأمناء الشرطة، وفي المقابل يتاجر بالحشيش والكحول، ويسمسر للدعارة بين السائحين العرب بمنتهى الحرية، ويدير شبكة دعارة مكونة من فتيات روسيات، وقد أصبح، بعضلاته المفتولة وعلاقاته مع أجهزة الحكومة، مهاباً في فنادق وسط البلد.

– فوقت الزباين يا ياباني؟

– فوقتهم يا عادل يا ويسكي، عشر دقايق ويكونوا جاهزين.

– براحتهم، بس أنا بحب المواعيد المظبوطة، والطليان زي باقي الخواجات بيقدروا المواعيد والنظام.

– بس دي آخر مرة يا ويسكي تعلق زباين من عندنا، أنا مش عايز أعمل خناقة على الصبح، وافهم الطليان إنك نصاب، فهمتني يا ويسكي، والا أوضح؟

- والله يا ياباني لا علقتهم ولا حاجة، كنت واقف عند الميدان مع محمود الصحراوي، وفجأة دخلوا عليا الجماعة الطليان، وسألوني إزاي يطلعوا الهرم، دار بينا بوق كلام، وارتاحوا للسستم بتاعي، وطلبوا مني أطلع معاهم الهرم وسقارة، أنا السيستم بتاعي في السليم وحلو يا ياباني، بس إنت ظالمني وقلبي في هواك حيران.

- سيستم إيه يا أبو سستم، عاوز تشتغل الزباين، وتاخد جوازاتهم السوق الحرة تشتري خمور وسجاير؟

- مش كله برضاهم يا ياباني، هو أنا باخد جوازاتهم بالعافية، بقولك الخواجات بيحبوا السيستم بتاعي، عشان أنا فاهم كويس السيستم بتاعهم، والخواجة أهم شيء عنده السيستم.

- إنت حتحاضر في الخواجات والسيستم يا ويسكي، زي ما قولتلك، دي آخر مرة تعلق زباين نازلين الهوتيل، عايز تشتغل الخواجات اشتغلهم براحتك، بس بعيد عن زباين الهوتيل، وسط البلد مليانة خواجات يا ويسكي.

مد عادل ويسكي يده في جيبه، وأخرج قطعة حشيش صغيرة، وأعطاها للياباني:

- إنت باين عليك لسه ما اصطبحتش، خد الحتة دي اصطبح بيها، وخليني أصطبح بالخواجات والنهار يعدي على خير.

- ماشي حاخدها اصطبح، أصل اللي منك أحسن منك يا ويسكي، بس زي ما قولت لك.

دخل الطليان الريسبشن، شابان وفتاتان في بداية العشرين، أنعم الله عليهما من الجمال الكثير، ترتدي إحداهما شباحا، يظهر منه نصف نهديها المستديرين الغضين، اللذين يسيل لهما اللعاب جداولاً.

- قود مورنينق أحمد، قود مورنينق مستر عادل.

رد الياباني على استحياء قود مورنينق، وعيناه تسترقان النظر إلى نهدي الفتاة، بينما قدم ويسكي للفتاتين عقدين من الفل الأبيض قائلا:

- قود مورنينق، يا صباح الورود على النهود.

شكرت الفتاتان ويسكي بحرارة، واستأذنوا منه أن ينتظرهم حتى يتناولوا الإفطار.

جلس الطليان على طاولة في فناء الفندق الذي يفتح على السماء، تحت إحدى الشجيرات الصغيرة، يتناولون الإفطار والشاي، جاء عم نجاح قبل أن يغسلوا أيديهم، وضرب الطاولة بيده ضربة خفيفة، وقال بإنجليزية صعيدية:

– إيتش ون ناين باوند (كل واحد تسعة جنيه).

ارتبك الطليان قليلا وأخرجوا محافظهم وأعطوه ثمن الإفطار، وضع عم نجاح الفلوس في جيب جلابيته البيضاء، وعدل لفته على رأسه، وحمل الأطباق الفارغة وتوجه إلى المطبخ، بينما توجه الطليان إلى عادل ويسكي في الريسبشن، وانطلقوا لزيارة الأهرام.

كان عم نجاح في نهاية الأربعين، طويلٌ وسمينٌ، داكن البشرة، أصلع الرأس، على جبهته زبيبةٌ بحجم الليرة العصملية، خدوده منتفخةٌ وعيناه صغيرتان، غائرتان في رأسه، له شنبٌ رفيعٌ غير كثيفٍ، يعلو شفتيه الكبيرتين المكتنزتين، هاجر من أسوان إلى القاهرة في بداية العشرين من عمره، بحثاً عن لقمة العيش. عمل في عددٍ من المقاهي الشعبية وكافيتريات الفنادق الرخيصة، قبل أن يستأجر مطبخاً صغيراً في هذا الفندق، يستخدمه لتقديم الإفطار والشاي

والقهوة للزبائن، وقد بدأ عمله هذا مع اليوم الأول لافتتاح الفندق، قبل سبعة عشر عاماً، يجهل القراءة والكتابة، ولا يثق مطلقاً بأهل القاهرة، أخذ حدته في التعامل مع الزبائن من الخواجات، ونظرته إلى الدنيا والآخرة من البرامج الدينية التلفزيونية، وإذاعة القرآن الكريم، التي كان يستمع إليها منذ قدومه إلى العمل عند السابعة صباحاً، حتى مغادرته عند الخامسة مساءً.

كان الريسبشن يتوسط الهوتيل، ويتكون من بهوٍ مستطيلٍ يفتح على السماء، ويوجد به ثلاثة مداخل، واحدٌ في الجدار الأمامي، يفتح مباشرة على باب الهوتيل الحديدي، والآخران في الحائطين الجانبيين، يفتحان على بهو وغرف الهوتيل، وسلمٍ خشبيٍ صغير للصعود إلى السطح، وقد شيدت على الجدران الثلاثة مقاعد من الأسمنت، بينما احتل مكان الحائط الرابع مكتبٌ خراسانيٌ، عليه كمبيوتر وسجلاتٌ وأوراق مبعثرة.

عند حوالي الساعة الثامنة والنصف، دخل هيثم الشهير بالفرنسي الريسبشن، ليتسلم ورديته من الياباني، قرع الأخير السلام، وضغط على الفور زر البراد الكهربائي ليسخن الماء، ووضع عدة ملاعق من الشاي والسكر، فقال الياباني:

- الواد عادل ويسكي علق الزباين الطليان بتوع أوضة ٣٧ امبارح في الشارع، وعدى من شوية خدهم على الهرم وسقارة.

- وليه سبته يطلع بيهم؟ ليه ما فهمت الطليان إنه ابن وسخة، وحيشتغل دين امهم.

- يا فرنسي مكنتش عايز أعمل خناقة على الصبح، وأفوق الزباين على صريخنا، بس أنا فهمته إنه دي آخر مرة.

أطلق الفرنسي ضحكةً صاخبةً، وقال للياباني:

- إنت بتخاف من ويسكي، تلاقيه سبتك بحتة حشيش، قب بيها عشان نصطبح قبل ما يوصل ابن امه مجدي.

كانت علاقة الياباني بالحشيش حميمةً جداً، فقد كانت غايته الكبرى، وتدخينها أسمى أمانيه، ويقال إنه بدأ تدخينها في سن الثامنة، وتاجر بها وهو ابن الثانية عشر، وسجن عليها و هو ابن السادسة عشر.

كان من فترةٍ إلى أخرى يدخل الريسبشن، ويعلن للعاملين بمنتهى الجدية والإصرار أنه أقلع عن الحشيش، وما هي إلا

دقائق حتى يخرج حشيشاً من جيبه ويلفه ويدخنه، وهو يقول للجميع جملته الشهيرة:

- دي حتكون آخر سيجارة انشاء الله، المرة دي خلاص عايز أفك من الحشيش وأخلص الموضوع اللي في دماغي.

أخرج الياباني قطعة الحشيش وأعطاها للفرنسي:

- لفها فردتين، عايز أصطبح وأعد الفلوس، واسلمك واطير قبل ما يجي ابن الوسخة مجدي ويشتغلني.

لف الفرنسي سيجارتين وناول الياباني إحداهما، وصعدا السلم الخشبي إلى السطح ودخنا على عجل، ثم قام الياباني بعدّ النقود للفرنسي، فعدّها الأخير عدة مرات، قبل أن يمضي وصل الاستلام. وبينما كان الياباني ينزل السلم الحديدي خارجاً من الهوتيل، كانت أم حاتم تصعد وصوتها يختلط مع ضحكتها المجلجلة:

- صباح الخير ياض يا ياباني.

- صباح النور يا أم حاتم، إزيك؟

- الحمد لله، إنت إزيك؟ الواد عبده الصحراوي عايزك في مصلحة، حيعدي عليك الليلة، متزوغش منه.

- حاضر يا أم حاتم، نهارك قشطة.

كانت أم حاتم في منتصف الأربعين من عمرها، خفيفة الدم، عذبة اللسان، بيضاء البشرة، مستديرة الوجه، طويلةٌ وسمينةٌ بخلفيةٍ مصقولةٍ مكورة، وصدرٍ كبيرٍ ناهد، حفت حاجبيها، وكحلت عينيها الواسعتين بمهارةٍ لا تخلو من الإغراء، بدأت العمل في الفندق مثل عم نجاح، منذ افتتاحه. كانت أرملةً، توفي زوجها قتلاً في العراق، بعد الغزو العراقي للكويت مباشرة، فقد كان يعمل هناك، وتركها لتربي ثلاثة أولاد. تسكن في منطقة الخصوص، وتخرج من بيتها الساعة السادسة، حتى تتمكن من الوصول إلى وسط البلد، حيث يقع الفندق، الساعة الثامنة، أو الثامنة والنصف. كانت تصل وقد أنهكت قواها من ارتجاجات مقاعد الميكروباص، فتذهب مباشرة إلى المطبخ، لتستريح عند عم نجاح من عناء السفر، وتشرب الشاي وتدخن سجائرها التي لا تفارق شفتيها إلا عند النوم، فقد كانت مدخنةً شرهةً، تجهز على ثلاث علبٍ يوميا:

- صباح الخير يا عم نجاح.

– صباح الفل يا أم حاتم، اقعدي على الكرسي ارتاحي، ثواني والشاي يجهز، لسه ابن الوسخة مجدي قدامه ساعة على ما يوصل، خدي راحتك.

– مش قابلت الواد عبده الصحراوي في الميدان، وانا نازله من الشغل امبارح، والله واد عسل، دا جايب مصلحة للواد الياباني، عايز ياخده معاه شرم يشتغل هناك، ويريحه من وش مجدي.

– اه يا أم حاتم، والبانجو والحشيش زي الهم على القلب هناك، خلي الواد الياباني يتكيف براحته، وانطلقا ضاحكين مكهكين.

– اتفضلي يا أم حاتم، آدي الشاي الكوشري اللي يعدل الدماغ، اشربي واتكيفي.

– إيه يا عم نجاح، ما تخلي الواد بكار يفتح المطبخ بالليل، ويدفعلك نص الأجرة، وانت كدا كدا بتقفل خمسة.

– يا أم حاتم الواد بكار مش عايز ياكل عيش، دا عايز يعلق بت خوجاية ويطفش، دماغه في بلاد الخواجات مش في أكل العيش، ربنا يهديه.

- يا عم نجاح الواد بعد ما طرده اللي ميتسماش من الريسبشن، حايس يدور على شغل ومش لاقي، و المسيح الواد طيب و ابن حلال.

- الواد بكار يا أم حاتم مبيدورش على شغل إلا في الفنادق اللي بينزلوها الخواجات، دا مش عايز يشتغل، دا عايز يعلق خواجاية ويطفش على بلاد الخواجات. لكن أمره غريب ، ليه ما حافظش على شغلته هنا، الهوتيل ما بيسكنش غير الخواجات، لا يا أم حاتم، إنتي على دماغي من فوق، بس أنا مشغلش الواد بكار ولا أشاركه.

- ليه كدا يا عم نجاح، والله إنه ابن حلال وقلبه بفتة، بس هو دماغه مش راكبة حبتين، بعدين هو بس بكار الوحيد اللي عايز يتجوز خوجاية ويطفش؟! ما كل العيال عايزين يعملوا كدا، بزمتك دي بلد يتعاش فيها؟!

- كل اللي سافروا يا أم حاتم مفيش شهرين ورجعوا مدلدلين ودانهم، لسة الواد علي راجع من فرنسا من يومين، مقعدش شهرين على بعض، عيال لا بتسمع من كبير، ولا من صغير، فاكرين بلاد الخواجات فيها الشهد.

٢٣

– أمانة عليك يا عم نجاح متكسفني، الواد طيب وأبوه مات وسابله كوم لحم، وأنا أوعدك إنه ميحطش بيره وخمور في التلاجة، ولا يدخلهم المطبخ.

– اللهم خزيك يا شيطان، ماشي يا أم حاتم، بس خمور لاء، والله أطربق المطبخ على دماغه.

– عارفة انك طيب ومش حتكسفني، خلاص حبلغ الواد بكار يعدي بكره على الخمسة يستلم الشغل، وححلفه بالعذرا والمسيح انه ما يدخلش الخمور المطبخ.

– أم حاتم، خمور والله العظيم أطربق المطبخ على دماغه.

– مفيش خمور يا عم نجاح، أروح أغسل الملايات قبل ما يوصل اللي ما يتسماش مجدي، ويقلب صباحنا قطران.

جلس عم نجاح على كرسيه مهموماً مكفهراً، يفكر عميقا، فدخل عليه الفرنسي.

– أم حاتم عايزاني أشغل الواد بكار في المطبخ، يمسكه بعد ما أمشي في الليل.

– وانت إيه رأيك؟

- من كتر ما زنت على دماغي واترجتني، محبيتش أكسر بخاطرها، وافقت بس على شرط ما يدخلش الخمور المطبخ.

- بكار الشهير بستيلا ميدخلش خمور؟ عشم إبليس في الجنة، وانطلق ضاحكاً.

- والله لو عرفت إنه دخل لو نقطة خمر واحدة في المطبخ لأطربقه على دماغه، وانا صعيدي دماغي ناشفة، بس إنت لو شفته دخل خمور المطبخ قلي، دا واجبك قدام ربنا، احنا دينا حرمها وهم دينهم حللها، مش عايز أقول أكتر من كدا، دي أمانة تتسئل عليها عند ربنا يوم القيامة يا فرنسي، لو شفت الواد دخل الخمرة في التلاجة أو المطبخ تبلغني على طول.

- ماشي يا عم نجاح، بس خلصني في قهوة الباش مهندس، لسه واصل حالاً.

دخل الفرنسي على مجدي بالقهوة ووضع الفنجان أمامه، فأخرج الأخير سيجارة وأشعلها، ومج نفسين بعمق:

- ضحكتك جايبة الميدان، إيه اللي حصل مع الشحط نجاح ضحكك كدا.

- ولا حاجة، أم حاتم طلبت من عم نجاح يشغل الواد بكار
ستيلا في المطبخ بالليل، ووافق بشرط ميدخلش الخمرة
التلاجة ولا المطبخ.

ضحك مجدي، وسأل مستهزئاً:

- ما يدخلش إيه المطبخ؟! دا باين نجاح جاله زهايمر، الواد
بكار سكر وساب الريسبشن، وراح نام في غرفة سبعة
وتلاتين، من الساعة واحدة بالليل للساعة تمنية ونص الصبح،
ولما فوقته وطردته، قال إنه نام عشان وصله خبر من
أصحابه بتوع السياحة في المطار، إن الليلة مفيش أفواج
سياحية جاية، فاكرني بريالة، أنا كلمت كل لوكاندات وسط
البلد، واستفسرت كام خواجة نزل عندهم، وعرفت إنهم أكتر
من أربعين، أكيد نصهم جم عندنا الهوتيل، وملقوش بكار في
الريسبشن، وراحوا لوكاندة تانية، ولا إيه يا فرنسي؟

- تمام يا هندسة.

- بس عارف ياض، أنا مستغرب من نجاح، دا ما يقدرش
يرفض طلب لأم حاتم، وفي كل خناقة تعملها يوقف معاها،

لو مكنتش أعرف إنه بيخاف ربنا، وملوش في الستات، كنت قلت حاجة تانية.

– لا يا باش مهندس، عم نجاح واخد عليها وبيعزها، لأنها عشرة عمر.

– بس أنا حاسس في حاجة بينهم، مش عارف أوصلها، بس لو حطيت دماغي فيها حعرفها، واجيب قرارها، لكن دماغي اليومين دول مشغولة في ابن الوسخة اللي حرق زريبة البهايم بتعتي في جمصة، بس لو أعرفه ابن الوسخة.

– إنت لسه فاكر يا باش مهندس موضوع البهايم دا، دي حكاية عدى عليها خمس سنين.

– خمسة والا ألف سنة، أنا مبنساش ياض يا فرنسي، أراهنك إن ما كانت الولية أم حاتم عامله لنجاح عمل، دي ولية بتاعة شعوذة والعياذ بالله.

كان جميع من عمل ويعمل في الهوتيل، حتى بعض الزبائن، من الخواجات الذين أقاموا هناك لفترة بسيطة، قد لاحظوا الطريقة الناعمة البشوشة التي يتعامل بها عم نجاح مع أم حاتم، والتي تختلف عن تلك الطريقة الخشنة التي يتعامل بها

مع باقي العاملين والزبائن. ولم يستطع أحدٌ تفسير هذا السر الغريب، ولم يخطر ببالهم، من بعيدٍ أو من قريب، أن تكون تلك العلاقة قائمة على واقعة جنسية. فعلى الرغم من أن أم حاتم ليست بمريم العذراء، وبعيدة عن الطهارة والعفة بمسافةٍ ليست قصيرةً، إلا أن عم نجاح آخر ما يوصف به أنه ميالٌ للنساء، كما أن علاقته القريبة من الله، وخشونة طبعه، وبساطته، تجعل من الصعب على أي إنسان أن يعتقد، ولو قليلاً، أنه تورط في علاقةٍ جنسية.

أدركت أم حاتم منذ بدأت العمل في الفندق، أن عم نجاح لن يمكنها من "تقليب عيشها" من زبائن الهوتيل، كونه متديناً، وحاد المزاج، والأهم من ذلك كله لأنها مسيحية. وقررت أن الطريقة الوحيدة لتدجينه وجعله مثل الخاتم في أصبعها، مضاجعته، ثم تهديده بفضحه أمام المهندس مجدي والعاملين وعائلته، إذا لم يتعاون معها كلياً، وينفذ كل ما تطلبه.

استقرت على هذه الفكرة بعد شهرٍ على افتتاح الهوتيل، و انتظرت الوقت المناسب لتنفيدها، وأثناء فترة الانتظار حافظت على عدم الدخول في مواجهةٍ معه، وبالتالي على علاقة طيبة

بينهما، ساعدها في ذلك إدراكها أنه في قرارة نفسه يستلطفها ويستمتع بالجلوس والحديث إليها.

دخلت أم حاتم الهوتيل عند الساعة الثامنة من صباح أحد أيام شهر تموز، وتوجهت إلى المطبخ لتشرب شايها المعتاد. كان المطبخ عبارة عن غرفة صغيرة، لا تتجاوز مساحتها المترين في ثلاثة أمتار، وضع على أحد جدرانها خزانةٌ قديمةٌ، وعلى الثاني، المقابل للباب، كرسيٌّ قديمٌ يستريح عليه عم نجاح، وبجانب الكرسي ثلاجة، أما على الجدار الثالث فيوجد غازٌ كبيرٌ قديم، وفوقة راديو خشبي قديم معلق، يصدح دائما بإذاعة القرآن الكريم، والباب يفتح على ممرٍ ضيقٍ، يفصله عن صفٍ من غرف النزلاء، وعلى شمال المطبخ مباشرةٍ، كانت توجد مجموعة من الحمامات الخارجية، وعلى جانبه الأيمن يفضي الممر الضيق إلى بهو الفندق.

في البهو، وبجانب المطبخ، كانت تستلقي فتاةٌ روسيةٌ ممتلئة على كرسي خشبي، ترتدي البكيني، وتستمتع بشمس الصباح، وتأخذ قسطاً من "التان"، بينما عم نجاح يحضر لها الإفطار.

قرعت أم حاتم الروسية القود مورنينق، ودخلت على عم نجاح الذي كان يضع خبز الفينو والبيض المسلوق والجبنة على

طبق، والعرق يتصبب من وجهه، وقد بدا قضيبه منتصباً وكبيراً من تحت جلبابه، لاحظت ذلك بسرعة، وقالت وهي تبتسم ابتسامةً خبيثة:

- صباح الخير يا عم نجاح، مالك عرقان ومش على بعضك، البنت الروسية اللي متلقحة على الكرسي قدام المطبخ متعباك؟

- يبعد عنا شر الحرام يا أم حاتم، دول خواجات لحمهم رخيص، على الطريق معروض، واللي نفسه ضعيفة يميل ويشيل، أروح أوديلها الفطار انشاء الله تطفحه، الميه السخنة على النار، اعملي شايك بنفسك.

حمل عم نجاح الإفطار، وتوجه إلى الفتاة الروسية وهو يردد: إمتى ربنا يتوب علينا من الشغل مع الكفار دول؟

بمجرد خروج عم نجاح، فتحت أم حاتم زر القميص العلوي، حتى بان جزءٌ ليس بقليلٍ من نهديها المستديرين المكتنزين، ثم سكبت لنفسها كوباً من الشاي، وجلست على الكرسي تدخن. عاد عم نجاح وفي يده بعض الأطباق والكؤوس الفارغة، وضعها في المجلى قائلاً:

- دا مش على قد الروسية القالعة ملط ومتلقحة جنب المطبخ، الأربع بنات البولنديات برضه قالعات ملط، مفيش غير اللباس، ومتلقحات على الكراسي، قدام أوضة أربعة وعشرين، بيتشمسوا، روحي شوفيهم يمكن يستحوا ويستروا نفسيهم، وانطلق عم نجاح ضاحكاً مكهكهاً.

- لا، إنت مش على بعضك النهار دا.

- اه يا أم حاتم، الصيف دخل والخواجات قلعوا هدومهم، لا دين ولا حيا، أعوذ بالله من الشيطان الرجيم.

- وانت الصادق يا عم نجاح، قل أعوذ برب الناس، ملك الناس، إله الناس، من شر الوسواس الخناس، الذي يوسوس في صدور الناس، من الجنة والناس. صدق الله العظيم

- أسلمتي خلاص يا أم حاتم، واحنا مش واخدين بالنا؟!

- لا، الشيطان عماله يوسوسلك وانت مش واخد بالك، الروسية لحست دماغك والا إيه؟!

ضحكت أم حاتم، وخرجت لتبدأ غسل الملايات، تاركة عم نجاح يسرح بخياله في النهود والخلفيات البيضاء المكتنزة

والمكورة، وقد قررت تنفيذ مخططها اليوم، بعد أن رأت هياجه، وحددت ساعة القيلولة، أي بين الثانية والخامسة مساءً، إذ يكون المهندس مجدي قد غادر الفندق، وهدأت الحركة، وحرارة الجو تدفع زبائن الهوتيل، إذا لم يخرجوا في جولة سياحية، إلى غرفهم للنوم والاسترخاء. والأهم أن عم نجاح اعتاد بعد خروج المهندس مجدي الذهاب إلى غرفة ٣٧، وتشغيل التكييف والخلود للنوم نحو ساعتين.

كانت غرفة ٣٧ بأربعة أسرة، مكيفةٌ وسعرها مرتفع، فنادرا ما كان يقطنها زبائن، أي كانت خالية معظم أيام السنة. تقع بعيدة عن الريسبشن ومدخل الفندق، منزوية في إحدى الزوايا، ومعزولة عن البهو، والحركة حولها شبه منعدمة.

في وقت القيلولة، كانت أم حاتم ورشا التي تعمل معها، تبحثان عن غرفةٍ غير مشغولة، تخلدان فيها للنوم، أما عامل الريسبشن فقد كان يجلس على كرسيه مسترخياً، بعد أن يوجه المروحة ناحيته، محاولاً أخذ قسطٍ من النوم، إلى أن يوقظه أحد الزبائن القادمين أو المغادرين لشيءٍ ما، أو مندوب الداخلية كي يأخذ منه كشف الزبائن المقيمين، فيفيق ليقضي الحاجة ثم يعود للنوم. كانت فترة القيلولة في فصل الصيف

فترة قيلولة لكل من يعمل أو يقيم في الهوتيل، إلا إذا اضطروا لغير ذلك.

عند الساعة الحادية عشرة، اجتمع عمال الهوتيل كعادتهم أمام المطبخ لتناول الإفطار، كانوا قد أرسلوا رشا فأحضرت الطعمية والفول والمخلل وكومةً من الخبز البلدي، جلست أم حاتم إلى جانب عم نجاح، على كرسيٍ خشبيٍ قصير، يلتصق فخذها الأيمن بفخذه الأيسر، يقابلها الفرنسي، وإلى جانبه رشا. كان الفرنسي يسترق النظر إلى نهدي أم حاتم، بينما تميل بجسدها على عم نجاح، كي تتناول بخفة وطبيعية قرصاً من الطعمية، أو رغيفاً من الخبز، وعلى غير عادته، لم يحرك جسده مبتعدا عنها، ولم يقطع عليها الطريق، ويضع ما تريد أمامها:

- شوفت ياض يا فرنسي البنت الروسية الموزة، والأربع مزز البولنديات؟ بيتشمسوا علشان خاطر يسمروا زي بناتنا.

- اه شوفتهم يا أم حاتم، شوفتهم، مزز بجد مش زي شيوخ الغفر اللي قاعدين جنبينا، قاصداً رشا.

بقبضة يدها، وبكل قوتها، ضربت رشا الفرنسي على ظهره،
وصاحت فيه:

– إيه يا معفن، إحنا شيوخ غفر يا ابن الغفر.

– انت زعلتي يا بت يا رشا، الفرنسي بيهزر.

– يهزر في بيت أمه يا أم حاتم.

– خلاص يا رشا، سماح النوبة دي، وحزبطك بسيجارة أما
يغور اللي ما يتسمى.

– المسامح كريم يا رشا، بس إيه رأيك يا عم نجاح في
الروسية؟ وكهكهت هي والفرنسي.

– هيه وقفت على كدا يا أم حاتم، دي دخلت استحمت،
وطلعت على أوضتها باللباس، ولافة المنشفة على راسها، دول
حيروحوا نار جهنم يا أم حاتم.

– شايف ياض يا فرنسي، عم نجاح مش على بعضه النهار
دا، البت الروسية قلبت عياره. واستمرا في الضحك.

- إيه يا أم حاتم، من صبحية ربنا وانتي بتشتغليني، روﻻحي اشتغلي الخواجات البولنديات، شوفي لو عايزات يعملوا حواجبهم، والا حلاوة ينتفوا بيها.

- حسألهم يا عم نجاح، بس لو تيجي معايا تساعدني، وتملي عينيك وهم ملط، وجلجلت ضحكتها هي ورشا والفرنسي.

- إنتي فايقة ورايقة يا أم حاتم، الحمد لله شبعت، وحقوم أعمل الشاي، وسايبها ليكي.

أخذ الفرنسي الشاي وعاد إلى الريسبشن، بينما صعدت رشا إلى السطح مع شايها وسيجارتها، وجلست أم حاتم على الكرسي في المطبخ، أشعلت سيجارة، وأخذت ترتشف الشاي:

- ربنا يساعد الواد الفرنسي، والعيال اللي بيشتغلوا في الريسبشن، لا متجوزين ولا متنيلين، والخواجات قلعات ملط قدامهم، ومتلقحات.

- اه، ربنا يكون في عونهم، دا احنا المتجوزين مش قادرين نستحمل، وبنستغفر ربنا في الدقيقة ألف مرة، مهو الكافر مجدي مفروض يشترط عليهم الحشمة شوية.

- يا عم نجاح لو كل خوجاية تقلع ملط في مصر نطردها، سوق السياحة يتضرب، وأنا وأنت مش لاقيين لقمة العيش، بس باين عليك إن البنت الروسية لحست دماغك؟

- اشربي الشاي يا أم حاتم وقومي، أنا مش ناقصك دلوقتي، فزي قبل ما يسمعك كلمتين اللي ميتسماش مجدي.

أطفأت أم حاتم سيجارتها وهي تنظر إلى عم نجاح وتضحك، وتقول بخبث عذب:

- دينكم بيديكم أربعة، إعرض على الروسية الجواز، ولو عندها شوية دماغ مش حترفض، دي حتاخد حصان، وضحكت بغنج.

جاء صوت عم نجاح ملتبسا مع ضحكته:

- يخرب حظك يا أم حاتم، ربنا يسامحنا على الكلام دا.

خرجت أم حاتم لتستكمل تنظيف الهوتيل، وغسل الملايات، وقد استقرت على أن تهاجم عم نجاح ساعة القيلولة، في غرفة سبعة وثلاثين، لكنها لم تستقر على كيفية مهاجمته، وتوقيت الهجوم. دارت أفكارٌ عديدة في رأسها، بينما كانت

٣٦

تغسل وتنشر الملايات، فكرت أولاً أن تتسحب إلى الغرفة، وتخلع ملابسها تماما، وتتسل حيث يرقد، لكنها ألغت هذه الفكرة، وفضلت مضاجعته وهو يستحم، ولكن كيف تقنعه بالاستحمام قبل قيلولته؟ خطرت لها فكرة، فتركت الغسيل، وذهبت إلى المطبخ، أخرجت سيجارة وأشعلتها قائلة لعم نجاح، وهي تميل بجسدها على الثلاجة:

- عايزة أقولك حاجة، بس متاخدش في بالك ومتزعلش.

- خير انشاء الله، قولي مش حزعل، ولا حاخد في بالي، ومين يقدر يزعلك يا أم حاتم.

- عارف الخوجاية البريطانية المعفنة اللي في أوضة تمنية، كانت واقفة مع اللي ميتسماش، بعد ما مشيت ندهلي، وقلي أقولك تستحمى، لأنها قلتله إنها شمت ريحة وحشة منك، وقرفت، ومشربتش الشاي.

- بنت الوسخة، أنا حسحبها من أوضتها، وأخليها تشمني هي وابن الوسخة.

– لا يا عم نجاح، بلاش الدماغ الصعيدي دا، وطي صوتك، وكبر دماغك، مش يمكن اللي ميتسماش عايز يشبكك مع الخوجاية، إنت خد حمام لم تدخل تنام، وخلاص.

– يا أم حاتم أنا بستحمى كل يوم، وبتوضا خمس مرات، تعالي شميني.

– اقتربت أم حاتم على الفور من عم نجاح، مالت عليه والتصقت به، حتى لامست جسده، فتحسس جسدها عضوه، فجرى في جسدها شعورٌ بالنشوة وهي تقول:

– ريحتك زي العنبر، لولا الحيا كنت ملست جسمي على جسمك، وانطلقت مكهكة، وأضافت: متاخدش في بالك، اللي ميتسماش عايز يورطك مع الخوجاية، عشان يطردك من المطبخ وياخده، حروح أكمل نشر الملايات، قبل ما نسمع كام كلمه زي السم، بس إنت استحمى في الأوضة، وزبط نفسك.

خرجت أم حاتم ونشوةٌ جنسيةٌ عارمةٌ تجتاحها، بعد أن تحسس جسدها عضو عم نجاح المكتنز المستقيم، فصعدت إلى السطح تنشر الملايات، وهي تعد الثواني والدقائق لانصراف مجدي، وذهاب عم نجاح إلى قيلولته.

جلس عم نجاح على كرسيه ينتظر خروج مجدي، حتى يتوجه إلى قيلولته، وقد عاد إلى إذاعة القرآن الكريم، بينما أفكاره تسرح تارة في جسد الفتاة الروسية، وأخرى في نهدي أم حاتم، ثم يبدأ في الاستعاذة بالله من الشيطان الرجيم، وترتيل بعض الآيات في سره، ليطرد عن نفسه وسوسة الشيطان، حتى دخل عليه الفرنسي:

- مجدي مشي، لو عايز تريح ادخل ريح.

- دخلت على الفور أم حاتم المطبخ، وقالت للفرنسي:

- إيه ياض، البنت الأسبانية واخدة بالها منك أوي، خدها هي وكام زبون واطلع بيهم الصحرا البيضا فسحهم، وكدا تضرب عصفورين بحجر، تعمل سبوبة، وتتكيف كام يوم مع الأسباني، يا فرنسي.

- واخد بالي، بس الخواجات ملهمش مزاج يطلعوا الصحرا في الحر دا.

- طيب اطلع فيها هضبة الهرم، والا المقطم، والا أقولك اتسحب عندها في الأوضة، وادعي ربنا محدش يفتن عليك لمجدي، وكهكهت كعادتها.

- تدخل عم نجاح قائلا:

- متسمعش لام حاتم ياض، كله إلا الزنا، دا ربنا يفقر الزاني في الدنيا، ويرميه في أسفل سافلين في الآخرة، إذا كان ولابد اكتب عليها عرفي، ولما تسافر كل واحد في طريقه.

- خلاص يا عم نجاح، أكتب عليها عرفي، متقلقش خالص.

- طيب أنا حسنكر المطبخ، وأروح أريح.

أغلق عم نجاح المطبخ، وتوجه إلى غرفة ٣٧، بينما عاد الفرنسي إلى الريسبشن.

دخنت أم حاتم سيجارةً على عجل، وتوجهت بحذر إلى الغرفة، وقفت أمام الباب، فوصل إليها صوت مياه الدوش تنهمر، فتحت الباب بخفة ودخلت، خلعت ملابسها، وألقتها على التخت، فوق ملابس عم نجاح، كان باب الحمام موارباً، وكان هو تحت الدوش يداعب عضوه، دخلت بسرعة، أمسكت عضوه وبدأت مداعبته، وما هي إلا لحظات حتى كان فوقها على السرير، وهو يزأر كأسدٍ جائعٍ وقع على فريسة، وهي تتأوه تحته بغنجٍ فاحش، ارتعش جسدها عدة مرات، وتقطعت أنفاسها، قبل أن يرتجف عم نجاح، ويزمجر من شدة المتعة.

نظر إلى أم حاتم وهي مستلقيه بجانبه عاريةً، ونظر إلى نفسه، وبدأ يضرب على رأسه بيديه، ويلطم وجهه، نزلت أم حاتم عن السرير، وبدأت ارتداء ملابسها:

– الشيطان شاطر، ربنا يسامحنا يا عم نجاح، ثم صففت شعرها وأغلقت الباب، وتوجهت إلى الريسبشن، حيث كان الفرنسي غافيا على كرسيه، فأيقظته:

– ياض يا فرنسي، الشغل نام، عايزة أفسخ على البيت، لما تفوق البت رشا قلها أوضة عشرة عايزة ترتيب.

– ماشي يا أم حاتم، نبلغ رشا، مع السلامة.

ارتدى عم نجاح ملابسه، وجلس على التخت، وهو لا يزال يشد رأسه بيديه، ويلطمها بين الحين والآخر، استحم وتوضأ وترك الغرفة وصعد إلى السطح، صلى عشر ركعات، تبعها بدعاءٍ طويلٍ، طالباً المغفرة من الله، ثم توجه إلى المطبخ، خلع جلابيته البيضاء، وارتدى البنية، لف لفته على رأسه، أغلق المطبخ، وتوجه إلى الفرنسي فوجده غافياً على الكرسي، فلم يوقظه وغادر.

ركب عم نجاح الميكروباص متجهاً إلى بيته، وبدأ يسترجع أحاديث الشيوخ عن عقاب الزاني في الدنيا والآخرة، فتكدر وجهه، لكنه تذكر حديثاً لشيخٍ في إذاعة القرآن الكريم، يقول عن رب العزة: من حج فقد غفرت له ذنوبه، ورجع من حجته كيوم ولدته أمه، فانفرجت أساريره قليلاً، لكنه تذكر أنه من الفقراء، الذين لا يستطيعون للحج سبيلاً، فأخذ يقنع نفسه بأنه يجب أن يجمع مالاً للحج، من أموال الخواجات الكفرة الذين كانوا سببا في تهيجه، ودفعه لارتكاب كبيرة الزنا.

عاد إلى التكدر حين جاءت في خاطره أم حاتم، وماذا ستقول له في الصباح، وماذا سيقول لها، تذكر مؤخرتها، وكيف أطبق عليها بيديه، فبدأ في التهيج، لكنه استغفر وتعوذ.

توقف الميكروباص، فترجل عم نجاح، وركب التكتك ليأخذه عبر الشوارع الضيقة إلى منزله، وما إن انطلق التكتك حتى قام السائق بإشعال الكاسيت، وجاء صوت شيخٍ سلفي يصرخ مزمجراً: فرأى رسول الله صلى الله عليه وسلم رجالاً ونساء، معلقين من فروجهم في النار، فقال عليه الصلاة والسلام، من هؤلاء يا جبريل؟ فقال جبريل عليه السلام: هؤلاء هم الزناة.

نهر عم نجاح سائق التكتك: يا ابن ستين وسخة، سكر البتاع دا، ودارت مشادة بينه وبين السائق، جاءت الشرطة واصطحبتهما إلى القسم، ولم يفرج عنهما إلا عند الساعة الثالثة صباحاً.

[٢]

كان صاحب فكرة إنشاء الهوتيل عم مصطفى رحمه الله، وقد
عرض فكرته على صديقه الأستاذ حسن رحمه الله أيضاً.
عمل الأخير في السعودية منذ بداية سبعينيات القرن
الماضي، وعاد هو وعائلته إلى مصر مع بداية الألفية
الماضية، وقد جمع قدراً من المال لا بأس به، وأراد استثماره
في مشروع. عم مصطفى عمل طويلاً في السياحة وعرفها
عن ظهر قلب، لكنه لم يجمع المال الكافي لتنفيذ مشروعه،
فكانت عودة صديقه فرصةً لتحقيق ذلك.

٤٥

كان عم مصطفى يتردد باستمرار على فندق النورس، وتجمعه علاقةٌ وطيدةٌ مع صاحب الفندق والعاملين هناك. الفندق يقع في عمارة على بعد خطوات من الميدان، بناها يهودي مصري عام ١٩١٣، وتم تأميمها بعد مغادرة الجالية المصرية اليهودية، في أوائل الخمسينيات من القرن الماضي، وقد اشتراها من الدولة بعد ذلك تاجرٌ مسلم. تتكون العمارة من ستة طوابق، يحتل فندق النورس السادس منها، أما السطح فكان يحتوي على عشرين غرفةٍ صغيرة، مبنيةٍ على جوانب السطح الأربعة، يتوسطها فناءٌ واسعٌ يفتح على السماء. ظلت الغرف فارغةً منذ سبعينيات القرن الماضي، وتحولت إلى مخزنٍ لكل ما قدم من أثاثٍ يخص شقق العمارة المؤجرة لعياداتٍ ومكاتب هندسية وشركات سياحية، إضافة إلى فندقين صغيرين، علاوة على ذلك كانت قمامة العمارة تلقى على السطح، فأصبح المكان مرتعاً للحشرات والفئران.

يصعد عم مصطفى السلم الإسمنتي إلى السطح كلما زار الفندق، يلقي نظرةً على المكان المهجور، ثم يصعد سلماً خشبياً متهالكاً، من سطح العمارة إلى سطح تلك الغرف البائسة، يجلس على كرسيٍ خشبيٍ قديم، يدخن لفافةً من

الحشيش، ناظراً إلى الشرق، متأملاً القاهرة القديمة تترامى في الأفق، مثبتةً بمئذنتي جامع قلعة محمد علي، أعلى المقطم، يحسب في رأسه كم من المال يحتاج كي يستأجر هذا السطح، ويحوله إلى فندق للخواجات فقط لا غير.

لم يجد عم مصطفى صعوبةً في إقناع صديقه حسن بالدخول معه شريكاً، فموقع الفندق في وسط البلد، بغناه الثقافي والحضاري والاقتصادي، سيجعل منه بكل تأكيد مكاناً مفضلاً للسائحين الشباب، من الأجانب المسافرين على ميزانياتٍ محدودة. استأجرا المكان وبدءا على الفور تنظيفه وترتيبه وتجهيزه، وقد استغرق العمال ثلاثة أشهر حتى انتهوا، وأصبح المكان فندقاً جاهزاً لاستقبال الزبائن.

أنزل العمال ثلاثين شاحنةً من الأثاث القديم والقمامة، قبل تنظيف الغرف، واستبدال الأبواب والشبابيك القديمة المتهالكة، بأخرى أقل قدماً وتهالكاً، وطلائها وفرشها بأسرةٍ مستخدمة، إضافة إلى بناء مجموعتين من المراحيض والحمامات للاستخدام المشترك، إذ لم يكن هناك حمامات إلا في خمس غرف، وجاء الريسبشن عند مدخل السطح، على شكل غرفةٍ نصف مكشوفة بثلاثة جدران، تُرك الرابع مدخلا يطل مباشرة

على السلم الإسمنتي الآتي من الطابق السادس، وفي الجدارين الجانبيين بابان يفتحان على الفناء ومدخل السطح، وقد بني أسفلهما مصطبتين إسمنتيتين لجلوس الزبائن، أمامهما مصطبة مرتفعة على شكل مكتب لعامل الريسبشن.

تناثرت أمام الغرف طاولات وكراسي من الخيزران، تخللتها شتلات الظل في قوارير كبيرة الحجم، ومجموعة من النباتات المتسلقة والأشجار الصغيرة والزهور. أما الأدراج الثلاثة المتهالكة الواصلة من فناء الفندق إلى سطح الغرف، فقد تم استبدالها بأدراج خشبية جديدة متماسكة، وتنظيف سطح الغرف، وتعريش نصفه بسعف النخيل.

بعد سنةٍ على الافتتاح، وبعد أن أخذت الأشجار الظليلة تعرش، والصغيرة تورق، والزهور تتفتح، أصبح الفناء المفتوح على السماء حديقةً لاسترخاء الزبائن، وأصبحت العريشة فوق سطح الغرف مكاناً يجلس تحته الخواجات ليلاً، يحتسون البيرة، وينظرون إلى مآذن القاهرة المنيرة.

هذه الخصوصيات جعلت من المكان لوحةً شرقيةً معماريةً وثقافيةً من لوحات ألف ليلة وليلة، كان عم مصطفى مصراً على هذا التصميم البسيط والقديم، رغم معارضة حسن في

كثير من الأحيان، فهو يعرف بخبرة الممارس الماهر للسياحة، أن ما يريد أن يراه السائح الأجنبي في مدن الشرق الإسلامي هو بقايا أجواء ألف ليلة وليلة، لذلك اطلق على الفندق اسم "إريبيان نايتس"، اي ألف ليلة و ليلة بالانجليزية، و قد اصبح بعد اقل من عامين من افتتاحه قبلةً للسائحين الخواجات، خصوصا الشبان منهم.

أحضر عم مصطفى مجموعةً من أمهر من عملوا في فنادق وسط البلد الرخيصة: عم نجاح للكافتيريا، وأم حاتم ولاحقا رشا للنظافة، ومحمود فرغلي الشهير بالفرنسي، لأنه كان أشقر ذا عينين زرقاوتين، وعبد الرحمن علي الشهير بالياباني لعشقة للنساء اليابانيات، ومحمود يونس الشهير ببرايز، ليديروا الريسبشن على ورديات، كل منهم ثمان ساعات يوميا، وكان الجميع، باستثناء عم نجاح ورشا، يتحدث الإنجليزية من خلال العمل في السياحة.

أما الفرنسي فإضافة إلى الإنجليزية التي كان يتكلمها بطلاقة، كان يتكلم الأسبانية والفرنسية والروسية. ولد وترعرع في منطقة الغورية قلب القاهرة الإسلامية، وتعرف عليه عم مصطفى منذ أن كان طفلاً يبيع للسياح العقود والتحف

الصغيرة وقلادات الفل في خان الخليلي، حين كان يذهب بصحبة مجموعات الخواجات كمرشد سياحي، وقد أعجب بالفرنسي لمهارته في اللغات الأجنبية وخفة ظله، وغريزته الحادة في قراءة الزبائن، وقدرته على التعامل معهم بنعومة وسلاسة، هذا إضافة إلى دهائه وذكائه في التعامل مع أقرانه من الباعة المتجولين الذين كانوا يحسدونه.

عندما افتتح عم مصطفى الفندق كان الفرنسي في السابعة عشر، في السنة الأخيرة من دبلوم التجارة، ولا يزال يعمل بائعاً متجولاً في الخان، فطلب منه ترك عمله في الخان والعمل عنده في الريسبشن، ووافق على الفور بسبب معاناته في السنتين الأخيرتين من شرطة السياحة.

العامل الوحيد في الفندق الذي أحضره حسن هو ابن عمه المهندس مجدي، وعينه مديراً للفندق ومدققاً للحسابات، وقد كان في منتصف الثلاثين من عمره حين بدأ العمل في الفندق، متزوجٌ وله ابنتان، أصبح عاطلاً عن العمل بعد حرق مزرعة الأبقار التي كان يعمل مديراً لها.

منذ اللحظة الأولى التي دخل فيها المهندس مجدي الهوتيل شعر عم مصطفى بعدم ارتياح، شعورٌ أصبح يشاركه فيه

جميع العاملين ومعظم الزبائن، لكن عم مصطفى لم يطرده، احتراما لصداقته مع حسن، إلا أنه لم يعطه أي اعتبار، وكان يتعامل معه على أنه غير موجود، ويكره غيرته الشديدة من الفرنسي، الذي جلبت له لباقته وخفة ظله الحسد أينما حل.

في أحد الأيام، وصل المهندس مجدي الساعة السابعة على غير عادته، فوجد الريسبشن فارغا كما توقع، فالفرنسي انسل الساعة الرابعة صباحا إلى غرفة رقم سبعة عشر، حيث تنزل الأسبانية نيكول التي وقعت في غرامه، ضغط زر البراد وعمل كوباً من الشاي على عجل، وجلس على طاولة مقابل باب الغرفة، وأخذ يدخن ويشرب الشاي منتظراً خروج الفرنسي. وصل عم نجاح الساعة السابعة والنصف تقريبا وتفاجأ به، لكنه فهم من طريقة جلوسه أنه يريد ضبط الفرنسي متلبسا، وهو خارج من الغرفة. عند الساعة التاسعة تقريبا وصلت أم حاتم، والفرنسي لا يزال في الغرفة.

فُتح الباب أخيراً، كان الفرنسي يحاول الخروج من الغرفة ونيكول لا زالت عارية، تتعلق برقبته وتطبع على وجهه وفمه القبلات، التقت عيون نيكول والفرنسي بعيني المهندس مجدي، فدخلت نيكول بسرعة، وهمس لها الفرنسي

بالإنجليزية، بعد أن أغلق الباب مجددا: إذا سألك أحد عن سبب وجودي في الغرفة، قولي إنك طلبت مني التخلص من فأرٍ صغير، واشتكِ من قلة النظافة، هزت رأسها موافقة، وفتح الفرنسي الباب وخرج، فنظر إليه المهندس مجدي، وقال:

- صباحية مباركة يا عريس.

- لا صباحية ولا حاجه يا هندسة، الحكاية وما فيها، البت نيكول دخلت عليا الريسبشن تصرخ وتقول في فار عندها في الأوضة، رحت ادور على الفار ملقتوش، باين عليه هرب لما طلعت تندهلي، ابن اللئيمة.

- انت بتشتغلني ياض، دا انا قاعد قدام الغرفة من ساعتين ونص بستنى حضرتك تطلع.

- يا هندسة هو دا اللي حصل، واسأل نيكول لو مش مصدقني، كل اللي غبتهم عن الريسبشن خمس دقايق، متقولش ساعتين وتلاتة، بيني وبينك نيكول وعم مصطفى.

- انت بتكدبني ياض، فوق لنفسك. وبدأ صوته يرتفع.

- يا هندسة بلاش الصريخ، مش كويس عشان الزباين، كدا يطفشوا. زي ما قلتلك لما يوصل عم مصطفى نتفاهم. وتركه وانصرف إلى بيته، بعد أن عرف بوصول برايز.

خرجت نيكول من غرفتها وتوجهت إلى الريسبشن، حيث يجلس مجدي، وبدأت تشتكي من عدم نظافة غرفتها، وأنها شاهدت فأراً، وسألت الفرنسي التخلص منه، فترجم برايز ما قالته لمجدي، الذي كان لا يعرف إلا النزر اليسير من الإنجليزية، فزمجر:

- لا، دا الواد الفرنسي طلب منها تشتغلني كمان، مش كفاية سايب شغله ونايم في حضنها، كمان مزبط معاها تشتغلني، ترجم لها ياض يا برايز، الهوتيل دا مفيش فيه فيران ولا صراصير، عشان في عشرين قطة، ولا هي مش شايفه القطط؟

ترجم برايز لنيكول، فردت:

- أنا لا أكذب، لقد رأيت فأراً في غرفتي هذا الصباح. وانصرفت تدعي الغضب، عائدة إلى غرفتها.

وصل عم مصطفى الفندق عند الظهيرة، أخبره مجدي بما فعله الفرنسي، فرد بفتور:

– أما يوصل الفرنسي حشوف الحكاية دي.

– بقولك يا عم مصطفى دا سايب الريسبشن ونايم في حضن البت طول الليل، أنا جيت الساعة سبعة إلا ربع والريسبشن فاضي، واستنيت على باب الأوضة للتسعة ونص، عقبال ما طلع عريس الهنا.

– يا هندسة أما أشوف الفرنسي أفهم منه اللي حصل.

أثناء خروج نيكول من الهوتيل شاهدت عم مصطفى في الريسبشن، فتوقفت وأبلغته أنها وجدت في غرفتها هذا الصباح فأراً صغيراً، وطلبت من الفرنسي أن يتخلص منه.

تأسف لها عم مصطفى وهو يضحك:

– الظاهر القطط ما خدتش بالها من الفار دا، حوصيها المرة الجاية تاخد بالها كويس.

ضحكت نيكول وغادرت. فجاء صوت المهندس مجدي:

- البت دي كدابة ومزبطة مع الفرنسي، دا انا شايفها قالعة ملط وبتقفش ويتبوس فيه على الباب، وهو طالع من عندها.

- قلتلك يا هندسة حتفاهم مع الفرنسي أما يوصل، بعدين الخواجات ميكدبوش، أكيد كان في فار في الأوضة.

- يعني إيه يا عم مصطفى، أنا بكدب؟!

- يا هندسة خلاص، سيب الموضوع دا.

غادر المهندس مجدي الهوتيل عند الثانية والنصف، وهو يكاد يتفجر غيظا من الفرنسي، ومن ردة فعل عم مصطفى الباردة على ما فعله، وتكذيبه له. توجه مباشرة إلى مكتب الهندسة الذي يعمل فيه ابن عمه حسن، كي يقص عليه ما حدث من الفرنسي.

ما إن غادر المهندس مجدي الهوتيل حتى دخل الفرنسي، قرع برايز وعم مصطفى السلام، فرد الأخير وهو يبتسم:

- صباحية مباركه يا عريس.

- إنت كمان يا عم مصطفى زي مجدي، الموضوع وما فيه...

- ياض بلاش الحركات دي مع عم مصطفى، خد لف حتة الحشيش دي فردتين، وتعال نطلع السطح نتكلم.

قال برايز:

- ماشية معاك يا عم مصطفى، خدني معاك.

- اخدك فين يا برايز؟

- السطح، والا أنا ميطلعليش فردة، مصطبحتش يا عم مصطفى يا طيب.

- ماشي، ودي كمان حتة يا فرنسي، لف تلات فردات، بس تطلع تضرب فردتك بعد أما اخلص مع الفرنسي يا برايز.

- مش يمكن يطول الحديث، خليني اصطبح بسرعة وانزل اعملكوا الشاي، وانتوا خدوا راحتكم بعد كدا.

- ماشي يا برايز.

لف الفرنسي ثلاث لفافات، فتناول برايز لفافته وصعد بها إلى السطح، دخنها وعاد إلى الريسبشن، فصعد عم مصطفى والفرنسي، جلسا على مقاعد خشبية وأشعلا لفافتيهما. بعد قليل جاء صوت عم مصطفى:

- استخدمت كوندم ياض؟

- يا عم مصطفى محصلش حاجه بيني وبينها.

- دا كلام تقوله لمجدي، ميتقالش لعم مصطفى، أزعل منك والله.

- أيوه يا عم مصطفى استخدمت.

- برافو عليك ياض، أيوه كدا لازم تكون مفتح. عج نفسا عميقا وأكمل: تعرف أما كنت في سنك، اشتغلت في فندق كيلوبترا في الدقي، حبتني خوجاية فرنسية صحفية اسمها فيرجيني من مارسيليا، كانت بت لهطة قشطه، الخالق الناطق معالي زايد، تعرف معالي زايد يا فرنسي؟

- أعرفها يا عم مصطفى، لهطة قشطة بجد.

- المهم، كان مفروض الخوجاية تقعد في مصر عشر تيام كدا على الماشي، مدت رحلتها شهرين. وفي يوم وانا طالع من أوضتها كان الاستاذ عبد الستار مدير الهوتيل الله يرحمه في انتظاري، زي ما عمل معاك الواد مجدي. عم عبد الستار كان راجل متزمت ومعندوش يا امه ارحميني، إداني فلوسي

وقالي مش عاوز اشوف وشك بعد كدا. شوية كدا تجوزت فيرجيني، وعملتلي فيزا وعشت معاها في مرسيليا ستشهر بالتمام والكمال.

- وحصل إيه بعد كدا يا عم مصطفى؟

- ما انا جايلك في الكلام، بعد ستشهر وحشتني مصر وصابني اكتئاب مزمن، رحت مطلق فيرجيني وخدت بعضي ورجعت، رجعت من هنا ودخلت الجيش من هنا. الكلام دا قبل حرب العبور بسنة تقريبا، وشاركت في طلائع القوات اللي اقتحمت خط برليف، واتجرحت في كتفي ونقلوني المستشفى العسكري الميداني في الاسماعيلية، مفيش يومين في المستشفى إلا وفرجيني داخله مع طاقم صحافيين خواجات، يعملوا تقرير عن الجرحى للتلفزيون الفرنسي، خدتني بالأحضان والدموع ياض، استنت في مصر لما خرجت من المستشفى بعد أسبوع كدا، ورجعت عند أهلي في روض الفرج، واطمنت عليا ورجعت فرنسا.

قبل عشر سنين كنت بشتغل مدير هوتيل جازمين اللي على أول التوفيقية، كنت قاعد في الريسبشن وفجأة دخلت بنت خوجاية ييجي عندها عشرين، الخالق الناطق فرجيني، ادتني

جواز السفر، طلع جواز فرنسي، فقلت لنفسي ورب الكعبة دي
بنت فرجيني، سبتها تدخل أوضتها تستريح، ومسألتهاش
حاجة.

- إيه يا عم مصطفى، إحنا دلوقتي في فرجيني وبنتها والا
في قصتي مع ابن الوسخة مجدي، أنا متأكد إنه راح
للمهندس حسن، وطلب منه يطردني.

- متخافش، محدش يقدر يطردك من هنا وانا موجود، أنا
حخلص الموضوع مع حسن، بس المرة الجاية تاخد بالك
ومتنساش نفسك عند الخواجات في الإوض، إنجز دايما
بسرعة، وانطلق ضاحكا.

- أنا يا عم مصطفى عايز اطلع من البلد دي، دي بلد
تطهق، مفيش فيها حياة ولا مستقبل، عايز أقب من المزبلة
واطلع أوروبا.

- خلاص، علق البت نيكول واطلع معاها. المهم ياض،
نرجع لفرجيني، تاني يوم الصبح وصلت الهوتيل سته ونص،
وقعدت في الريسبشن أستنظرها تفوق من النوم، على أحر من
الجمر، تقريبا الساعة تمنية فاقت وجت الريسبشن، صبحت

وسألتني عن الفطار، قلتلها خمس دقايق ويكون جاهز، بس ممكن أسألك سؤال بعد إذنك، هزت راسها وقلتلي إسأل، مفيش مشكلة: اسم مامتك فرجيني وأصلها من مرسيليا؟ البت شكلها اتخطف من المفاجأة، وقالت: كلامك صح، عرفت إزاي؟ قلتلها مش مهم، بس أما تتكلمي معاها قليلها "مصطفى يا مصطفى، أنا بحبك يا مصطفى"، وكتبتها بالحروف الإنجليزية عشان تحفظها، وتعرف تقلها لأمها على التيلفون، وخدت زباين خواجات واطلعت بيهم الهرم ومصر القديمة، رجعت المغربية الساعة ستة، سبعة، مش فاكر، لقيت البت فاليري بنت فرجيني قاعدة في الكافتيريا بتشرب بيرة، سألتها: قلتي لماما؟ قالت: آه، ومش فاكراك خالص.

رجعت قعدت في الريسبشن وعقلي عمال يجيب ويودي، إزاي فرجيني تنساني؟ مر يوم ياض، دخلت الريسبشن الصبح لقيت فاليري، طلبت مني أطلع معاها المطار، الساعة تسعة بالليل نجيب صديقتها، قلت ماشي، وأهي سبوبة، مهو خلاص أمها مش فاكراني. وصلنا المطار، قالت: حدخل انتظر صديقتي على باب الصالة، وانت خليك هنا في الموقف لما أرجعلك. مفيش نص ساعة يا فرنسي، إلا وفاليري جاية، حاملة شنطة

صغيرة على كتفها، وجنبها ست، مشيت باتجاه فاليري أحمل عنها الشنطة، وأما وصلت قلبي وقع، وفرجيني صرخت وهجمت عليا زي المجنونة، وخدتني بالحضن، اه ياض، قضيت أسبوع بلياليه انا وفرجيني، في دهب عند البدوي أبو عرب، كان أسبوع من ألف ليلة وليلة. أطفأ لفافة الحشيش، وألقى بعقبها في الممر الواقع خلف البناية، وقال للفرنسي:

- اعتبر الموضوع انتهى، بس تاني مره خد بالك.

لم يمض على الفرنسي سوى ثلاثة أشهر بعد الحادثة، حتى تزوج نيكول وسافر معها إلى أسبانيا، لم يمكث سوى شهور قليلة، وقتله الحنين والاشتياق للقاهرة، فطلق نيكول، وعاد ليعمل من جديد في الفندق.

كان عم مصطفى سعيداً بعودته، فالفرنسي من أفضل العاملين في مجال السياحة في وسط البلد، إلى جانب أنه كان نديم كيف حميم له، يجلس عند المساء معه على السطح يوميا، يدخنان الحشيش.

لم تدم هذه الجلسات الجميلة على السطح بين الخليلين طويلا، فقد توفي عم مصطفى، وصعد إلى السماء نجما، بعد

شهور قليلة من عودة الفرنسي، على أثر وعكة صحية لم تمهله.

كان وقع الصدمة على كل من عمل في الفندق عظيماً، باستثناء المهندس مجدي الذي شعر بارتياح، معتقداً أنه بذلك سوف يتخلص من معظم العاملين، خصوصا الفرنسي، ويحضر طاقماً جديداً من معارفه الطيعين، لكن الدكتور رأفت ابن عم مصطفى أصر، عندما جلس مع الأستاذ حسن، وابنه الدكتور محمد، لمناقشة أوضاع الفندق بعد وفاة أبيه، على أن يستمر الطاقم الذي يدير الفندق كما هو دون تغيير، وقد وافق حسن على ذلك دون تردد، احتراما لوصية صديقه عم مصطفى.

وصل عم نجاح، دخل المطبخ، وخلع جلبابه البني ولبس جلباب الشغل الأبيض، رفع اللفة عن رأسه، ووضع بدلا منها طاقيته البيضاء الصغيرة، فتح الثلاجة فصعق مما رأى، كانت زجاجة من الشامبانيا، لف يده بمنشفة، وحمل الزجاجة وذهب إلى الريسبشن، وهو يصرخ:

- أنا حقتله، ابن الوسخة، أنا حطربق الدنيا على دماغه، ودماغ أم حاتم، ثم سأل الياباني وعيناه يتطاير منهما الجمر: ابن الوسخة بكار نايم في أوضة كام ياض.

رأى الياباني الزجاجة فعرف الموضوع:

- بكار روح بيتهم الساعة خمسة ونص يا عم نجاح.

- روح بيتهم إزاي ياض. وبكل ما أوتي من قوة، قذف الزجاجة على المقعد الخرساني، فانفجرت وأحدثت صوتاً مدوياً، أفاق معه معظم الزبائن، وطارت قطعة زجاجٍ جرحت الياباني في ذراعه.

تجمع بعض الزبائن، وخرج بكار من إحدى الغرف، فما إن لمحه عم نجاح حتى ترك الياباني ودمه النازف، وهجم كالثور الهائج، وانهال عليه بالضرب، استطاع بكار بعد عدة دقائق الإفلات، وترك الفندق هاربا وقد تورم وجهه، فلحقه عم نجاح على السلم، وهو يصرخ:

- طيب يا ابن الوسخة، إن محرَّمتك تعدي وسط البلد مكونش نجاح يا كافر. وعاد إلى الياباني:

- بتكدب عليا ياض، مش عيب عليك، دا انت مسلم وموحد بالله، يا خسارة.

رد الياباني بينما كانت فتاه يابانية تلف الشاش حول ذراعه المجروح:

- والله يا عم نجاح كنت عايز أكسر الشر، ومتحصلش فضيحة.

- الحق مش عليه، الحق على أم حاتم، أما تيجي ليا تصرف تاني معاها، وانطلق إلى المطبخ، في حين أخذ الياباني ينظف الريسبشن من آثار الزجاج والشامبانيا، قبل وصول المهندس مجدي.

وصلت أم حاتم الفندق، ودخلت الريسبشن:

- صباح الخير ياض.

- والخير يجي منين يا أم حاتم، صباح النور، عم نجاح متكدر منك، روحي شوفيه.

- زعلان ليه ياض.

- بكار حط قزازة خمرة عنده في التلاجة، جيه الصبح وشافها وعمل عمايله، كسر القزازة، وطارت حتة منها جرحتني في إيدي، وفاقوا الزباين، ربنا يستر أما يعرف مجدي.

- أروح أشوفه بسرعة.

كان عم نجاح يجلس على كرسيه في المطبخ، يستمع إلى إذاعة القرآن الكريم، ويستغفر الله، ويدعوه أن يغفر له، ويدعو على بكار بالمرض والهوان والمذلة. دخلت أم حاتم بهدوء:

- صباح الخير يا عم نجاح.

- والله لو مش ولية لطربقت المطبخ على دماغك، خلاص مفيش كلام بنا يا أم حاتم، إنت من ناحية وأنا من ناحية تانية، خمور في التلاجة يا أم حاتم، استغفر الله العظيم وأتوب إليه.

- حقك عليا، والمسيح عمري ما اطلب منك طلب.

- ما إنتي حلفتي بالمسيح، وبكار حلف ميدخلش المطبخ الخمور ودخلها، وربنا سيدنا عيسى منكم بريء.

- أبوس راسك يا عم نجاح، خلاص، بلاش يوصل اللي ميتسماش، ويسمع صوتك طالع.

- حسكت يا أم حاتم، وحطلع أصلي ركعتين، وأطلب السماح من ربنا، بس إنتي من ناحية وأنا من ناحية من النهار دا.

- ربنا يخليك يا راجل يا طيب، والمسامح كريم يا عم نجاح. وغادرت المطبخ إلى الريسبشن، ضغطت زر البراد الكهربائي قائلةً:

- منك لله يا بكار يا ابن مريم، دا انا اترجيت عم نجاح، وشوية بوست رجليه لما قبل يشغله.

- دا واد خمورجي يا أم حاتم، حطها في التلاجة عشان يشربها قبل ما يوصل عم نجاح، بس كان سكران، حط نفسه في أوضة ونام، مصحيش إلا على صوت القزازة، بس عم نجاح إداله علقة جامدة.

- يستاهل ابن الوسخة دا سود وشي.

- خلاص يا أم حاتم، أحسن يكون ابن الوسخة مجدي بيتسحب على السلم زي عوايده ويسمعنا، دا لو عرف إن بكار

كان نايم في الهوتيل، حيبلغ ولاد عمه ويمكن يطردوني أنا مش الفرنسي يا أم حاتم، ورأفت ابن عم مصطفى الله يرحمه مش حيسأل عني.

لم يدم خصام عم نجاح وأم حاتم طويلاً، فمنذ أن ضاجعته أصبح يدرك أن أي صدامٍ معها سيؤدي إلى فضيحته أمام العاملين في الهوتيل، وقد تصل الأخبار إلى زوجته، وعائلته التي هاجر الكثير منها للعمل في القاهرة.

كانت أم حاتم، بجانب عملها فرّاشة في الفندق، تعمل ماشطة للفتيات الخواجات اللواتي يرغبن بإزالة الشعر على الطريقة الشرقية، باستخدام الحلاوة (العقيدة)، وحف حواجبهن باستخدام الخيط، وبالطبع كانت تمارس ذلك خلسةً، خوفاً من وشاية مجدي لابن عمه حسن، إذا رفضت إعطاءه نسبة عن كل خوجاية، أما عم مصطفى رحمه الله، فقد كان يعلم بذلك، وكانت تدفع له عشرين بالمئة عن كل عملية.

رجعت أم حاتم إلى المطبخ:

‐ إمبارح اتفقت مع البنات الخواجات الهولنديات، اللي نازلات في أوضة ١٤، أزبطهم النهار دا بعد ما يغور مجدي، خلي المطبخ فاتح أما تطلع السطح تريح.

عم نجاح الذي أصبح يأخذ قيلولته في المعرش على سطح الهوتيل، بعد حادثة الغرفة قال:

‐ ماشي يا أم حاتم، بس أنا بصراحة عايز تلاتين المية من الشغلانة، إنتي كنتي كدا كدا بتدي عم مصطفى عشرين المية، وآدي ربنا افتكره، ولو بكرة عرف الأستاذ حسن إنك بتستخدمي المطبخ عشان خاطر تعملي حلاوة للزباين، اتطرد معاكي، وعم مصطفى اللي كان حامينا شوية ربنا افتكره، الله يرحمه دا كان سكرة.

‐ ماشي يا عم نجاح، أديلك تلاتين المية، إنت تستاهل كل خير يا راجل يا طيب، ومش خسارة فيك، بس حاستخدم الحلة بتاعتك، عشان دول تلاتة، عايزين حلة حلاوة كبيرة، إيه رأيك يا عم نجاح تدخل معايا تساعدني؟ وإيد على إيد رحمة، وأطلقت ضحكة مجلجلة.

غادر مجدي الهوتيل عند الساعة الثانية ظهرا، فتوجهت أم حاتم إلى المطبخ، وبدأت طبخ الحلاوة، وبينما كانت تحرك السكر والليمون على النار، كانت سيجارتها مشتعلة بين شفتيها، وقد احترق نصفها ولم تقم بنفضها، دخلت الثلاث فتيات الهولنديات المطبخ، وهن يغطين أجسادهن بالمناشف، وتحلقن حول أم حاتم، وأخذن في مراقبتها والتقاط الصور.

انتهت أم حاتم من طبخ الحلاوة، وأخرجت من إحدى خزانات المطبخ قطعة سيراميك مربعة، بمساحة نصف متر، غسلتها بالماء والصابون جيداً، فهي تعرف مدى اهتمام الخواجات بالنظافة، وبعد أن نشفتها بمنشفةٍ نظيفةٍ، وضعتها على الطاولة، ومسحتها بالزيت، حتى لا تلتصق بها الحلاوة، ثم سكبت عليها محتويات الحلة.

بعدما بردت الحلاوة، أخذت أم حاتم في عجنها ومطها، بينما الفتيات يراقبنها ويلتقطن المزيد من الصور، أصبحت الحلاوة لدنةً وطيعة، فقطعت منها قطعةً صغيرةً وأكلتها، وأخرى طلبت من إحدى الفتيات تذوقها، فتناولتها ووضعتها بحذر في فمها:

- إنها حلوة جداً.

فأجابت أم حاتم ضاحكة:

– لذلك اسمها حلاوة.

– هذا يعني أن الرجل بعد ذلك يلحس جسدك جيدا.

لم تفهم أم حاتم ما قالته الفتاة، وطلبت منها ان تعيد الجملة وتوضحها، لكن الفتاة ضحكت وقالت:

– لا شيء.

حملت أم حاتم كرةً كبيرةً من الحلاوة بين يديها، وتوجهت ومن خلفها الفتيات إلى غرفتهن، وأغلقن الباب، وما هي إلا دقائق حتى بدأ الصراخ ينبعث، كلما أزالت أم حاتم قطعة الحلاوة عن جسد إحدى الفتيات تصرخ، وكلما صعدت أعلى الفخذ ارتفع صوت الصراخ، حتى أصبح بعد قليل عالياً مدوياً، أيقظ عم نجاح ورشا والفرنسي من القيلولة.

لحظات وانفتح باب الغرفة، خرجت أم حاتم بين يديها كرة الحلاوة، التي التصق بها الشعر، ومن خلفها الفتيات متجهات إلى الحمامات، وما بان من أجسادهن قد احمر احمراراً

شديداً. نظر الزبائن الخواجات إلى المشهد، وسيطرت عليهم حالة من الدهشة.

نهرت أم حاتم الفرنسي:

ياض فهمهم الحكاية، قولهم إني كنت بنضفهم من الشعر على الطريقة المصرية، ولاد الكلب فاكرين إني نمت مع البنات.

رد عم نجاح على أم حاتم:

- لا حول ولا قوة إلا بالله، إشرح ياض، مش عايزين فضايح، الله يجازيكي يا أم حاتم.

- وأنا ذنبي إيه دلوقتي؟ دول طلعوا بنات مايصة وميستحملوش، صحيح الخواجات ملهمش على الشغل دا، بس مش كدا.

جلس الخواجات الأربعة، الذين خرجوا على صوت الصراخ، على إحدى طاولات الفناء، وهم يتهامسون ويضحكون، فتوجه لهم الفرنسي وشرح الموقف، بينما مدت أم حاتم يدها بخفة في صدرها، وأخرجت ثلاثين جنيهاً وناولتها إلى عم نجاح:

– دي حصتك، ربنا يباركلك يا راجل يا طيب.

– آمين يا أم حاتم، عايز أجمع فلوس أحج بيت الله استغفر ربنا. وسمعا كهكهة الخواجات والفرنسي مدوية، فقد كانوا يعتقدون بالفعل أن أم حاتم ضاجعت الثلاث فتيات بعنف وخشونة، وأن الصرخة الأخيرة التي تكررت ثلاث مرات، كانت هي لحظة الأورغازم.

[٣]

دخل الفرنسي الفندق الساعة الثامنة والنصف صباحاً، ليستلم
ورديته من برايز :

- صباح القشطة ياض يا برايز، في حاجة؟ مالك مش على
بعضك كدا.

- بس بيني وبينك ياض، إحلف متقولش لحد.

- فيه إيه، مش حفتح بوقي بكلمة.

- بعد ما نمت مع الخوجاية النرويجية ماري، حاسس صحتي في النازل، وخايف أكون اتصبت بالإيدز.

ضحك الفرنسي مكركراً:

- إيدز إيه اللي إنت جاي تقول عليه، إنت عارف قبل معنى الإيدز إيه، إنت بس موسوس عشان أول مرة، مش ركبت كوندم؟

- آه ركبت زفت، بس كمان الزفت يمكن يكون فيه خروم، أنا سألت الصيدلي اللي عندنا في الحتة، وقلي إن الكوندم مش مضمون مية المية، عشان الخروم اللي فيه.

- يا راجل سيبك من الصيدلي بتاع الحتة، هو زويل؟

- زويل إيه يا راجل، دا خريج جامعة القاهرة، أول دفعته ورفض يتعين معيد، واخوه اللي في السعودية وقف معاه، وفتح اجزخانه.

- يا راجل دا انا نمت مع اكتر من عشرين خواجايه وصحتي زي البومب الحمد لله، مدام بتستخدم الكوندوم انت في السليم، زي ما قولتلك انت بس عشان أول مرة.

– بصراحة، أنا نمت معاها مرة واحده بس من غير كوندم، ممسكتش نفسي لما اركبه.

– طب متقول كدا من امبارح، وخاشش عليا مسمات وخروم وصيدلي أول دفعته و كلام فاضي، الخواجايه سمحتلك بدون كوندم؟

– كانت مسخسخه وانا ممسكتش نفسي.

– طب على طول اطلع من هنا على مختبر "إكسترا هيلث" في الزمالك وحلل للإيدز، واقطع الشك باليقين، متستناش.

– إيه، وليه الزمالك؟ دا التحليل يتكلف مبلغ وقدره هناك، أروح مختبر الإحسان في عين شمس، بياخد ٣ جنيه على أي تحليل، والايدز بلوشي عندهم.

– إيه، إنت اتجننت، ده بتاع السلفيين، عايز تقولهم تحليل ايدز علشان خاطر يقولولك إنت زاني يا برايز يا كافر، استغفر ربك، وتوب إلى الله، وتعال الجامع صلاة العصر، واسمع كلام الشيخ، ولو طلع عندك ايدز بصحيح، يقيموا عليك الحد، زي ما قلتلك على مختبر اكسترا هيلث في الزمالك، يعني سرك في بير.

كان المهندس مجدي قد وصل الهوتيل منذ نصف ساعه، وسمع قبل دخوله الريسبشن الحديث، كعادته في التلصص. سمع جزءا ليس بيسير من القصة، وفهم الحكاية، وعندما سمع برايز قادما إلى مدخل الفندق تراجع بخفة عدة درجات باتجاه الطابق السادس، وبدأ يصعد فالتقى ببرايز:

– صباح الخير يا هندسة، كله تمام، وسلمت الفرنسي.

– صباح النور ياض، ليه لونك مخطوف كدا، وصحتك في النازل؟ متكونش الخواجايه النرويجيه جابتلك السيلان والا السفلس؟ تعال معايا اكتبلك شوية تحاليل تعملهم، تعملهم ونشوف ايه حكايتك.

– صحتي زي البومب، عايز اروح انام ساعتين اريح دماغي، دنا سهران طول الليل.

– انت حر ياض بس شكلك ميطمنش، وخايف تكون اتصبت بالايدز.

– فال الله ولا فالك يا راجل، قول كلمة حلوه على الصبح.

٧٦

- ياض زي ما قلت انت عاوز شوية تحاليل، وانت عارف انه كان عند اخويا مستشفى، وكنت شغال هناك، وشفت حالات ايدز ياما، تعال اكتبلك شوية تحاليل، تعملها وتجيبلي النتيجة اشوفها.

أخد المهندس مجدي برايز من يده، وصعد به السلم، وتوجه إلى الريسبشن، أخرج ورقة من الدرج وكتب مجموعة من التحاليل وقال:

- على طول تطلع على مختبر الشفاء في رمسيس، واعمل التحاليل بسرعة، واما تطلع النتيجة تجيبهالي، ثم نظر إلى الفرنسي وأكمل: بزمتك ياض مش لونه مخطوف وصحته في النازل، خايف البت النرويجية جابتله الايدز.

- يا راجل ايدز ايه، دا صحته بمب، والبت النرويجية باين عليها صنف نضيف.

- نضيف ايه يا فرنسي، اطلع ياض يا برايز اعمل التحاليل.

رد برايز متسائلا:

- دول تحاليل ايدز؟

- لا، انت عايز تعمل تحليل ايدز كدا على طول، وتفضح نفسك؟! انت اتجننت؟ احنا ناخدها سنه سنه، نعمل الاول شوية تحاليل دم ونشوف، لو تمام خلاص بلاش تعمل تحليل ايدز وتفضح نفسك، ولو التحاليل مش تمام، الله لا يقدر، نعمل تحاليل كرات بيضاء وبلازما ونشوف حتودينا لفين.

رد الفرنسي:

- ايه يا هندسة هي الحكاية خطة خمسية؟ يروح يعمل فحص ايدز على طول ويستريح.

- اسكت إنت، دا يتفضح، اشتغلت في مستشفى وعارف، اصحاب المختبرات كلهم بيشتغلوا مع امن الدولة وشرطة الاداب، وبيبلغوهم أول بأول اسم كل شخص يفحص ايدز.

ما إن سمع برايز أمن الدولة وشرطة الآداب حتى دب في جسده الرعب، وأيقن أن الطريقة التي اقترحها المهندس مجدي هي المثلى للتعامل مع هذه المصيبة التي حلت به، وانطلق على الفور إلى رمسيس.

في اليوم التالي أحضر برايز نتائج التحاليل، ووضعها أمام المهندس مجدي قائلا:

- الحمد لله يا باش مهندس تحاليل الدم طلعت تمام، وفي السليم.

- سيبني اشوف قبل ما تقول تمام وسليم، هما صحيح يعرفوا يحللوا، بس ميعرفوش يقروا النتايج، ولو علمتك ازاي تستخدم الجهاز حتحلل زيهم واحسن.

أخرج نظارة قديمة، ووضع أمامه آلة حاسبة وورقة وقلم، وبدأ ينظر في التحاليل، ويكتب أرقاما على الآلة الحاسبة، يطرحها ويجمعها، ثم يكتب رموزا بالإنجليزية ويدون أمامها الأرقام، ثم يعود إلى الحاسبة، وهكذا دواليك، بينما برايز يجلس على المقعد الخرساني، ينتظر بفارغ الصبر.

كان الفرنسي واقفا، حسب البروتكول الذي يتطلب أن يترك عامل الوردية الصباحية الكرسي للمهندس مجدي، ويقف عن يمينه كالحرس الشخصي، منذ دخوله الهوتيل الساعة العاشرة صباحا حتى مغادرته عند الثانية ظهرا، لذلك كان عمال الريسبشن يمقتون العمل في الوردية الصباحية، وقد لاحظ عم مصطفى رحمه الله هذا الامتعاض، فأمر بتدوير الورديات.

نظر الفرنسي باشمئزاز على المهندس مجدي وهو منكب على تحليل التحاليل، وقطع صوته صمت الريسبشن قائلا:

_ والله لو كتاب الممتاز في التفاضل والتكامل ما خد معاك اد كده يا هندسة، الواد برايز على نياته وأعصابه مش مستحملة.

- بتتريق عليا يا فرنسي، البهيمة بتاع المختبر غلطان في عد الكرات الدموية الحمراء.

- إيه يا هندسة؟ غلطان في العد؟! أصله بيحطها في طشت ويعدها وحدة وحدة في طشت تاني، الكمبيوتر اللي بيعد كل حاجة، وضحك مجلجلا.

- إنت بتتريق تاني يا ابن امك، عليا الطلاق من مراتي المختبر غلطان، وان مكانش كلامي صح لأقول عن نفسي بهيمة في الطب، واغديكوا كلكو، حتى نجاح، كباب وكفته من عند ابو عيد، ونظر إلى برايز، وقال:

- روح حلل عند مختبر تاني ياض، انا متأكد إن عدد كريات الدم الحمراء غلط، وحسب المعادلة.

_ الست منال بتاعة المختبر قالتلي إن النتايج سليمة، وكله تمام.

- دي بهيمة، أنا حاوكل الهوتيل كله كباب وكفته من ابو عيد واحليلهم بقهم بجاتوه من جروبي، لو عدد كرات الدم في التحليل ده صحيح، روح مختبر تاني واعمل نفس التحليل، التحليل دا ملوش قيمة، ومزق الورقة إلى قطع صغيرة، ألقاها في سلة المهملات وأخرج ورقة من الدرج وكتب عليها وأعطاها لبرايز.

همَّ برايز بالمغادرة فجاء صوت الفرنسي قويا ناهرا:

- ياض اعمل تحليل ايدز من الآخر وريح نفسك، وسيبك من الباش مهندس وتحليله.

- سمع عم نجاح وام حاتم ورشا فتركوا المطبخ، حيث كانوا يتناولون الإفطار، ودخلوا الريسبشن:

- ألف سلامة عليك يا برايز، وجالك الايدز من ايه؟

- ايدز ايه يا ام حاتم، فال الله ولا فالك.

- لا حول ولا قوة إلا بالله العلي العظيم، دا آخر الحرام.

٨١

- حرام إيه يا عم نجاح، عاجبك يا فرنسي أديك فضحتني من ولا حاجه.

- ولا حاجه ازاي وانت نازل المختبر تعمل تحليل الايدز، من النهارده متهوبش ناحية المطبخ، ولا تطلع السطح تصلي معايا. وانصرف عم نجاح عائدا.

نهر المهندس مجدي برايز:

- روح ياض اعمل التحاليل، وسيبك من الراجل الخرفان دا.

- يا برايز سيبك من الباش مهندس واطلع الزمالك، إعمل التحليل واقطع عرق وسيح دمه.

انهار برايز، وجلس على المقعد الخرساني، وأجهش في البكاء، وأخذ يضرب بيديه على رأسه، ويستغفر رب الخلق العظيم، بينما أخذ الفرنسي ومجدي في تهدئته، وأحضرت أم حاتم الماء البارد، وغسلت وجهه.

اتصل الفرنسي مع صديقه أبو موسى السائق فجاء سريعا، وطلب منه أن يأخذ برايز إلي مختبر اكسترا هيلث في الزمالك ليجري التحليل.

عاد الهدوء إلى الريسبشن، وجلس المهندس مجدي على كرسيه، والفرنسي على يمينه:

- أراهنك يا فرنسي ان الواد برايز معاه ايدز، دا مرعوب ووشه زي اللمونة، وقعد يولول زي الولايا.

- يا هندسة إنت اللي خوفت الواد، وعم نجاح ربنا يسامحه خلص عليه.

_ طب روح المطبخ خلي نجاح الزفت يعمل فنجان قهوة سكر زيادة.

في اليوم التالي دخل برايز الفندق عند الظهيرة، وقد لبس جلابية بيضاء قصيرة لركبتيه، وتحتها بنطال فضفاض أبيض، وعلى رأسه طاقية بيضاء، وانتفخ جيب جلابيته، التي تقع على الصدر، بكتاب صغير من القرآن الكريم، وبجانبه مسواك كالقلم.

قرع برايز الفرنسي والمهندس مجدي السلام، وهما ينظران إليه مشدوهين، أخرج من جيبه نتيجة التحليل وقال بصوت متحشرج من الفرح:

- الحمد لله، ربنا نجاني ووقف جنبي في المصيبة، واطلعت سليم.

لم ينطق المهندس مجدي والفرنسي، ولو بكلمة واحدة، كانت الدهشة تسيطر عليهما، فأكمل:

- انا بس حابب أبلغك يا باش مهندس إني حامشي من الهوتيل، وخلاص حاعتكف في المسجد عندنا في الحته، مع الشيخ عبده الهجان.

- ومين ده الشيخ عبده الهجان؟

- دا يا فرنسي شيخ صاحب كرامات عندنا في الحته، لما كت امبارح تعبان خدني ليه صاحبي احمد فكري، وقرا عليا، وقالي ربنا حيقف معاك، روح بكره المختبر وانت بتقرا سورة الاخلاص طول الطريق، وبإذن الله حتكون النتيجة حلوة، والحمد لله وصلت المختبر، وطالت الولية الورقة، وقالت مبروك يا محمود طلعت سليم.

روحت جري على الشيخ عبده، اعطيته الحلوان واشتريت اللباس الشرعي، وخلاص حاعتكف عنده في جامع سيدنا

العطار، زي ما ندرت لربنا قدام سيدنا الشيخ، لو طلعت من المصيبة اللي حلت عليا.

– وانا دلوقتي يا شيخ برايز أجيب عامل جديد منين، مش كان لازم تديني كام يوم قبل ما تسيب الشغل؟

– تقلقش يا هندسة، عندي واحد حيعجبك، أجيبه بكرة الصبح تشوفه وتقول رأيك؟

– بس لو طلع زيك يا فرنسي حاطرده.

– حيعجبك يا هندسة، لو معجبكاش امشي انت من الشغل، وضحك مكركرا.

دخلت أم حاتم الريسبشن وهي تضحك:

– ايه اللي انت عامله في نفسك ياض، هو اللي يعمل تحليل الايدز لازم يلبس شرعي؟!

– طلع سليم يا ام حاتم، وخلاص حيسيب الشغل، ويعتكف في المسجد، مع الشيخ مين ياض؟

- سيدنا الشيخ عبده الهجان، أصلي ندرت لربنا يا ام حاتم لو طلعت سليم من الايدز، أسيب الشغلانة دي، اللي كلها إغراء، واتفرغ لعبادة الله.

- إغراء ايه ياض، إنت شايفنا بنشتغل "الساعة بعشرة جنيه والحسابه بتحسب"؟

- مش كدا يا ام حاتم، انت عارفه قصدي، اروح اسلم على عم نجاح وأبلغه الأخبار السعيدة.

دخل برايز على عم نجاح، فنظر الأخير إلى هيئته مندهشا، وهم بالكلام، فقال برايز بسرعة ما قاله للآخرين، فقام عم نجاح عن كرسيه، وحضنه بحرارة:

- ألف مبروك، والحمد لله اللي تاب عليك من الشغلانة دي، عقبال عندنا يا رب، شويه واحوش فلوس الحج، واروح الأرض الطاهرة، واسيب الشغلانة دي أنا كمان، اقعد اعملك شاي.

- مرة تانية، تأخرت على سيدنا الشيخ، سلام يا راجل يا طيب، أشوف وشك على خير.

٨٦

ظل برايز، بعدما ترك العمل في الفندق، يتردد على المكان من فتره لأخرى، كي يشتري حشيشا لسيدنا الشيخ عبده الهجان، شيللاه يا سيدنا عبده يا هجان.

في صبيحة اليوم التالي، حضر الدكتور رأفت والمهندس محمد إلى الهوتيل، لمقابلة العامل الجديد الذي أحضره الفرنسي ليعمل بدلا من برايز. جلس المهندس مجدي على المقعد الخرساني، وترك الكرسي خلف الريسبشن ليجلس عليه المهندس محمد، وبجانبه على كرسي صغير جلس الدكتور رأفت.

عند الساعة العاشرة، وحسب الميعاد، دخل الفرنسي بصحبته العامل الجديد، سلم بحرارة وقال:

– صديقي خالد الشهير بالكوتش في الحتة.

تقدم الكوتش وسلم وصافح الحضور، فتفاجؤوا من صوته الرقيق الهادئ النبرات، فقد كان لا يعبر إطلاقا عن جسده الضخم، فقد كان طويل، مفتول العضلات، أصلع الرأس، فقد تغزل فيه سائح فرنسي من المثليين، وقال: إنه أكبر بكثير من برج إيفل، وصوته أرق بكثير من عبث الفراشات.

بعد اجتماع قصير بالكوتش، قرر الدكتور رافت والمهندس محمد تعيينه، وغادرا الهوتيل بسرعة إلى أعمالهما، بينما عاد المهندس مجدي خلف الريسبشن كعادته، و قال للكوتش الذي كان يجلس على الكرسي الخرساني:

- عندك سوابق يا خالد؟

- لاء، الحمد لله يا باش مهندس.

تدخل الفرنسي:

- ايه يا باش مهندس، هو انا جايب خط الصعيد يشتغل هنا، الكوتش أخويا وصاحبي وابن ناس يا هندسة، وساعة الجد يعجبك، دا ياكل الحديد، والا انت مش شايف العضلات.

- اسكت انت يا فرنسي، انا مدير الهوتيل، ولازم أسأل الأسئلة دي.

- طب بتشرب حشيش يا كوتش؟

- لا يا باش مهندس، بس سجاير، ويا ريت ربنا يتوب علينا منها.

- أصل الحشيش هنا ممنوعة، وتتطرد لو اتمسكت بتشربها، دي تعليمات المهندس محمد والدكتور رأفت، دا غير ان الحكومة طالعة نازلة في العمارة.

قاطع الفرنسي الحديث، موجها كلامه إلى المهندس مجدي:

- بكرة الساعة تسعة حاكون هنا، أنا والكوتش، افهمه السيستم بسرعة، ويستلم وردية الصبح، الكوتش نشيط وعايز يشتغل الصبح على طول، وانا والياباني حنزبط الورديتين الفاضلين.

- ماشي يا فرنسي، حرتاح من خلقتك انت والياباني ابن الكئيبة.

صافح الكوتش المهندس مجدي وغادر الهوتيل، بينما استلم الفرنسيورديته.

- روح ياض خلي نجاح الزفت يعمل فنجان قهوة دوبل.

سرح المهندس مجدي، وهو يرتشف القهوة، في الكوتش وضخامة جسمه، كان في غايه السعادة لأنه سيأخذ وردية الصبح، فوجوده بعضلاته المفتولة عن يمينه في الريسبشن سيعطيه حماية وأمانا، ويردع كل من يحاول اختلاق مشاكل

في الهوتيل، من الحرافيش الذين كانوا أحيانا يصعدون إلى الهوتيل، وهم يلاحقون إحدى الخواجات، أو من العاملين في سياحة وسط البلد، الذين كانوا يقفون على باب العمارة، يحاولون إقناع أحد الخواجات المقيمين في الهوتيل بأخذه دليلا سياحيا، والأهم من ذلك كله، لعله يردع عادل ويسكي عن الزبائن، علاوة على أن الكوتش خام، ولم يسبق له العمل في السياحة، ولن يتمكن من كشف ألاعيبه في الحسابات والرحلات السياحية.

جاء صوت الفرنسي وكأنه يقرأ الأفكار:

- صحيح الكوتش شكله غلبان وعلى نياته، بس دا ياكل الحديد عند الجد، فخلي بالك يا هندسة، دا اخويا وابن حتتي، اللي يستعبطه يفرمه، دماغه زفت يعني.

- ايه ياض، بتقول ايه، وانا استعبط الواد ليه، دا حتى باين عليه مؤدب، مش عارف ليه مصاحبك؟ ياض انا حبيته ودخل قلبي، بس إيه حكاية الكوتش دي؟

- حكاية ايه، دا من حته اسمها الكوتش في الشرقية.

- انت حتعملهم عليه ياض، دا تقوله لنجاح الشحط.

٩٠

- كان مدرب رفع أثقال وكمال أجسام في نوادي الشباب.

- طب الكوتش بيتكلم انجليزي؟

- مش بطال، اشتغل أربع سنين حارس ليلي في المعهد البريطاني، بس امه وقعت في وعكة جامدة، وكان لازم يسيب الشغل عشان خاطر يقعد معاها ويرعاها، لحد ما ربنا توفاها.

دخل الفرنسي والكوتش الريسبشن صباحا، قرعا الياباني السلام، ومباشرة ضغط الفرنسي زر البراد، وقال للياباني:

- اخويا وحبيبي الكوتش، حيشتغل بدل الشيخ برايز.

نظر الياباني إلى عضلات الكوتش المفتولة، مد يده وسلم عليه، وقال:

- مش انت كنت كوتش في النادي بتاع السيد حديد في حلوان.

- ايوه، اشتغلت ٤ تشهر ومقبضنيش الا ٢٠٠ جنيه وصباع حشيش، طلع نصاب، سبته، منه لله.

- يا ياباني لف تلت فردات في السريع، خلينا نصطبح، وتبقى تكمل قصة الحديد مع الكوتش على السطح، اصل ابن

٩١

الوسخة مجدي ممكن يوصل بدري النهارده، عشان أول يوم للكوتش.

بينما كان الياباني يحضر السجائر كان الفرنسي يسكب الماء في الكاسات، ويحرك السكر والشاي بهمة، فما ان فرغ الياباني حتى حمل كل منهم كباية الشاي في يده، وصعدوا إلى السطح، أشعلوا اللفافات وبدؤوا ارتشاف الشاي، كان صوت عم نجاح يصلهم، وهو ينهر الخواجات: "فيفتين باوند ناو"، خمسة عشر جنيها الآن، بينما ام حاتم تنادي:

- يا رشا، يا عسل، شطبي أوض ٨ و٩ و١٠ قبل ما يوصل اللي ما يتسماش.

- ماشي يا ام حاتم، ربنا يتوب علينا من الشغلانة الوسخة دي.

صعدت فتاة إيطالية إلى السطح، وهي تحمل فنجان قهوة، جلست بجانب الفرنسي، فمرر لها لفافة الحشيش، أخذت نفسا خفيفا وأعادتها شاكرة، فقال بالإنجليزية مشيرا إلى الكوتش:

- خالد الكوتش، عامل جديد في الفندق.

- أهلا خالد، وقالت للفرنسي إنه لطيف "كيوت".

- احمر وجه الكوتش، وقال بصوته الوديع: شكرا.

رن هاتف الفتاة فاتجهت إلى آخر السطح، لتتكلم على انفراد.

- ايوه يا كوتش، ماشيه معاك، البت الطليانية بتقولك كيوت.

- يا فرنسي انا مليش في الحرام.

- ومين قال حرام؟ انت تتجوز عرفي على طول، الياباني عمل كدا مع الستات اليابانيات، اصله تخصص ياباني، تعال اما اعرفك على عم نجاح وام حاتم ورشا، واسلمك دفتر الزباين والحساب، وافهمك السيستم، عشان اخلع انا.

بينما كان الكوتش يهم بنزول السلم الخشبي خلف الفرنسي، لمح مجموعة من الأثقال متناثرة بين قطع الأثاث القديمة:

- مش تقول يا فرنسي، دا عندكم جيم على السطح، انا اخلص الشغل واطلع السطح اتكيف وارفع حديد.

- متعملش حاجة على السطح يا فالح من غير ما تقولي.

- مقدرش اشوف الحديد وملعبش، وحمل كتلة تبلغ عشرين كيلو تقريبا بيده، أخذ يرفع فيها من أسفل إلى أعلى عدة مرات، قبل أن يضعها برفق على الأرض، وينزل السلم مسرعا خلف الفرنسي، الذي دخل المطبخ، فما ان رآه عم نجاح وام حاتم حتى انتصبا بسرعة، وانخطف لوناهما.

- دا خالد الكوتش، اللي حيمسك بدل برايز.

- سيبت ركبي ياض.

- وانا كمان ركبي سابت يا ام حاتم، افتكرته داخل علينا بأمن دولة، قولت ايه المصيبة دي على الصبح.

سلمت ام حاتم وعم نجاح على الكوتش، وتفحصا جسده مليا، ثم قال عم نجاح:

- صحتك وعفيتك معاك والهوتيل دا ابن وسخة، كله خواجات قلعات ملط، خلي بالك يبني.

- لا يا عم نجاح ربنا يبعدنا عن الحرام، انا مع ربنا، بصلي ومبقطعش فرض.

- كلهم كانوا مع ربهم، وغويتهم الخواجات، دا برايز اللي حتمسك مكانه لولا ستر ربنا كان جاله الايدز.

- ايه يا عم نجاح، الواد لسه بيقول يا فتاح، وانت بتديه محاضرات في الفاحشة والايدز.

- باين عليه ابن حلال يا ام حاتم، عشان كده انا بنصحه.

- ربنا يخليك يا عم نجاح، انت الأحسن.

خرج الفرنسي والكوتش من المطبخ إلى الريسبشن، وبدأ الياباني والفرنسي يشرحان له متطلبات العمل، وعمليات تدوين معلومات الزبائن في السجلات المختلفة.

- شوفت عضلات الواد خالد يا عم نجاح، البنات الخواجات مش حيرحموه، دا برايز اللي صحته على قده معداش.

- لو فعلا بيخاف ربنا كل البنات ميقدروش عليه، تذكر حادثته فاستدرك: الستات كيدهن عظيم، زي ما قال كتاب الله الكريم، مسمعتيش قصة سيدنا يوسف عليه السلام ومرات فرعون؟

- سمعتها يا عم نجاح، بس مخدتش بالي كتير.

- مرات فرعون مسكت في سيدنا يوسف، ولولا ربنا بس، هو اللي نجاه منها.

- دا سيدنا يوسف، دا نبي يا عم نجاح، بس الواد خالد بشر زينا، ربنا يوقف معاه، اسيبك واروح اشتغل قبل ما ييجي اللي ما يتسماش.

دخل المهندس مجدي الريسبشن، فسلم عليه الكوتش، وغادر الفرنسي والياباني، جلس مكانه ونظر إلى يمينه فوجد الكوتش بجسده الضخم المفتول، شعر بطمأنينة وسكينه، فهو في حراسة رجل من أقوى الرجال، كما أنه جعل كل من يدخل الفندق لأول مرة ويرى المشهد، يعتقد أنه شخصية عظيمة.

أخذ يقلب صفحات السجلات التي أمامه، ثم قال:

- ياض يا كوتش روح المطبخ، قول لنجاح يعمل فنجان قهوة مزبوطة دوبل.

- حاضر يا باش مهندس، وتوجه إلى المطبخ:

- الباش مهندس عايز فنجان قهوة مزبوطة دوبل.

- انشاء الله يطفحه، خلي بالك منه، انا قلبي اتفتحلك، عشان كدا بنصحك.

- ربنا يخليك يا عم نجاح، وعاد إلى الريسبشن ووقف مكانه.

- نجاح الزفت يا كوتش راجل بتاع شعوذة وحسد، خلي بالك منه، ومن الولية ام حاتم كمان، وأهم حاجة تاخد بالك من البت رشا، دي ملحدة والعياذ بالله.

هز الكوتش رأسه وهو يقول: تمام يا باش مهندس.

دخل عم نجاح بفنجان القهوة، وضعه دون أن يسلم.

- ايه، مفيش السلام عليكم، صباح الخير، انت داخل زريبة.

- اللهم اخزيك يا شيطان، السلام عليكم، اروح اشوف شغلي، ربنا شايف.

- شفت يا كوتش ازاي الشحط بيبص فيا، من شر حاسد إذا حسد، دا مرة حط كوباية الشاي قدامي وبص فيها، قامت الكوباية اتكسرت واتقسمت نصين، أعوذ بالله، ودا حصل قدام صاحبك الفرنسي، اسأله لو مش مصدق، الحسد موجود في القرآن.

- طبعا يا باش مهندس.

- في مرة تانية، كت نازل الاسكندرية أنا والولاد نصيف كام يوم، قام قالي كدا حتتفسح وتبلبط في المالح، واحنا نتشوي هنا، قلت ربنا يستر، بعد ما وصلت، وطلعت الشنط ونزلت، كانت العربية اتسرقت، والمصيبة كانت شنطتي الصغيرة فيها، وجواها ٢٠ ألف جنيه. قبل ما انسى ياض، شوية كدا وحيعدي زابط مباحث من السياحة ياخد اسماء الزباين، أما يوصل تقعده باحترام، وتطلبله قهوة، وتديله نسخة من دفتر النزلاء، تطويها وتحط فيها ورقتين ام عشرين.

- فاهم يا باش مهندس، الفرنسي فهمني السيستم.

- كلامك معاه على قد السؤال والجواب، متاخدش وتدي في الكلام.

- فاهم يا باش مهندس.

- وخلي بالك من عادل ويسكي ابن الوسخة.

- مين ويسكي دا يا باش مهندس؟

- الواد العضلات اللي دايما على مدخل العمارة، بيعلق الزبايا.

- أيوه، شفته الصبح وانا جاي مع الفرنسي.

- تعرف لو مش في ضهره الحكومة كت زمان حرمته يوقف في وسط البلد كلها، انا كنت تاني الكلية في رفع الاثقال والمصارعة الرومانية، قبل كام سنه كان جسمي عضلات، بس بعد القلب صحتي تعبت، وأطفأ سيجارته وأشعل أخرى على الفور.

جاءت ام حاتم إلى الريسبشن، وهي تمج سيجارتها:

- ايه يا كوتش، حتفطر معانا، البت رشا نزلت تجيب فطار من تحت، وانت يا هندسة مش عايز تفطر.

- يا ام حاتم انتي عارفة اني مبفطرش، انا ماشي على رجيم عشان خاطر القلب، بس على العموم تشكري.

أحضرت رشا الإفطار، و اتجهت الي الطاولة التي أمام المطبخ و التى تقع في ركن منزو بين غرفتين، في ممر ضيق يتجه إلى حمامات الفندق، غطت الطاولة بالجرائد، ثم

وضعت عليها الخبز والطعمية والبطاطس والبيض وربطتين من البصل الأخضر والجرجير، جلسوا على صناديق خشبية، وأخذوا في الأكل بشهية.

مرت خوجاية في أول العشرين من عمرها، متجهة إلى الحمام، قرعتهم الصباح، فردت أم حاتم:

– قود مورنينق، اتفضلى افطري معانا.

– ثانك يو. واستمرت في طريقها.

– انتي مش حتبطلى عادتك، كل ما يعدي خواجه تعزميه يفطر معانا، دول ما بيستحوش، والا ناسية كم مره عزمتي عليهم وقعدوا وكلوا الفطار، سم هاري انشاء الله.

– حرام عليك يا عم نجاح، أنا بس باعزم على الستات، مش يمكن نعمل سبوبة.

– طب وطي صوتك ليسمعك ابن الوسخة وياخد منك نسبة.

لحظات وجاء المهندس مجدي، وسأل أم حاتم:

– نضفتي أوضه ٣٧.

- اه نضفتها من بدري، اتفضل كل لقمة معانا يا باش
مهندس.

نظر عم نجاح إلى ام حاتم وهو يكاد يتفجر من الغيظ.

- بس نص رغيف يا ام حاتم، وحتتين طعمية وشوية
بطاطس عشان اخد الدوا.

قسمت ام حاتم الرغيف، وضعت فيه الطعمية والبطاطس:

- بالهنا والشفا.

أخذ الساندويتش وتوجه إلى الريسبشن مخاطبا عم نجاح:

- تنساش تبعتلي كوباية شاي.

لم يجبه عم نجاح، بينما قال الكوتش: حاضر يا باش
مهندس.

ما إن انزوى المهندس مجدي، واطمأن عم نجاح أنه أصبح لا
يسمعهم، حتى قال بغضب:

- انا ليا كلام تاني معاكي يا ام حاتم، بعد ما يغور. وعاد
إلى المطبخ غاضبا، ليحضر الشاي.

١٠١

– هو فيه ايه يا ام حاتم؟ سأل الكوتش.

– عم نجاح زعل علشان عزمت على المهندس مجدي يفطر، ما بطيقوش بعض، بس أنا أعمل إيه؟ الراجل واقف واحنا بناكل، مش لازم أعزم عليه؟ ولا إيه؟

– طبعا تعزمي عليه.

– ايه يا رشا، مالك ضاربة بوز كدا.

– صاحب العقار عاوز يرفع سعرالاجار عشرين جنيه ابن دين امه.

– حرام عليكي يا رشا، بلاش دين امه. قال الكوتش.

– انت حتعمل فيها مولانا من أول يوم ياض، مولانا مبيشتغلش في هوتيل خواجات قلعات ملط، وبيشربو خمرة يا مولانا.

احمر وجه الكوتش، وتلعثم:

– مش قصدي يا رشا، ربنا يهديكي.

- ويهديني ليه يا كوتش، شايفني فاتحة على الغربي، اسمع ياض متفتحش بوقك معايا.

تركت رشا الطعام، وأشعلت سيجارة وذهبت إلى السطح، وهي تطلق وابلا من السب والشتم، بينما أخذ عم نجاح بصوت خافت:

- استغفر الله العظيم، أعوذ بالله من الشيطان الرجيم، ربنا يسخطك طوبة، أعوذ بالله من الشيطان الرجيم، ربنا يتوب علينا من هوتيل الكفر دا.

توقفت أم حاتم عن الأكل، أشعلت سيجارة على عجل، وصعدت السطح خلف رشا، وهي تقول:

- تاخدش في بالك يا كوتش، هيه رشا كدا، دماغها ناشف، والدنيا صعبة عليها.

- لا يا ام حاتم مفيش حاجة، وعاد الكوتش إلى الريسبشن.

- ايه يا كوتش، مال البت رشا؟

- مفيش حاجة يا باش مهندس، بتقول "دين امه"، قولت لها بلاش، وبس.

– سيبك منها، دي بنت راكبها شيطان، وملحدة والعياذ بالله، لا صلا ولا صوم، ومصطفى ربنا يرحمه جابها الهوتيل، ووصى ابنه قبل ما يموت ميطردهاش، ولو سابت الشغل ورجعت، يرجعها على طول، أنا خايف تطلع بنته يا كوتش.

– الله يبعد عنا شر الحرام، وربنا يهدي الجميع يا باش مهندس.

دخل ضابط المباحث الريسبشن، فنهض المهندس مجدي عن كرسيه، وصافح الضابط قائلا:

– أهلا وسهلا يا باشا، أعرفك بالواد خالد، الشهير بالكوتش، عامل جديد عندنا في الريسبشن، فتقدم الكوتش باتجاه الضابط، وصافحه:

– أهلا وسهلا سعادة الباشا، اتفضل على الكرسي، ثواني وتكون عندك الأوراق، بس الأول أوصي على قهوتك المزبوطة.

نظر الضابط إلى العضلات المفتولة، وتمنى لو أن الله أعطاه مثلها، بينما توجه الكوتش إلى المطبخ على عجل، ليحضر القهوة.

- إيه يا مجدي، الواد الجديد عضلاته مفتوله فتل، وصحته ما شاء الله.

- ريش على مفيش يا باشا، غلبان وفي حاله، والقطة المغمضة تاكل عشاه.

عاد الكوتش بالقهوة، ووضعها أمام الضابط: اتفضل يا باشا، وتوجه إلى الريسبشن، فأحضر نسخة عن سجل النزلاء، طواها ووضع فيها ورقتين من فئة العشرين جنيها، وناولها للضابط: اتفضل يا سعادة الباشا.

أخذ الضابط الورقة، وضعها في حقيبته الصغيرة، حمل فنجان القهوة، وأشعل سيجارته، وراح يتجول في فناء الفندق، يرتشف قهوته ببطء، ويسترق النظر لصدور وأفخاذ ثلاث فتيات من الخواجات، يجلسن على طاولة تحت إحدى الشجيرات، منشغلات بأجهزة الكمبيوتر الشخصية، عاد إلى الريسبشن، ووضع فنجان القهوة الفارغ أمام المهندس مجدي، الذي انتصب واقفا له.

- من فين الخواجات اللي في الساحة يا مجدي.

- هولنديات يا سعادة الباشا، في حاجة؟

١٠٥

- افتكرتهم إسرائيليات، كأني سمعت كلام عبري.

- لا يا سعادة الباشا، دول هولنديات، لو كدا كت بلغت سيادتك على طول.

رجع الضابط إلى الفناء، استرق النظر إلى صدور الفتيات ما استطاع إلى ذلك سبيلا، ثم عاد إلى الريسبشن:

- كدا اطمنت، بتتكلم هولندي مش عبري، وانصرف.

جاء صوت عم نجاح صادحا:

- ايه يا كوتش، مش حتطلع تصلي الضهر؟

- أيوه، أتوضا وألحقك يا عم نجاح، بعد إذنك يا باش مهندس.

- وانا حخش أوضه فاضية أصلى، محبش أصلى ورا الراجل الدجال نجاح.

توضأ الكوتش، واتجه إلى السطح، صلى خلف عم نجاح، وبعد أن سلم الأخير، قال:

- خلي بالك من البت رشا، دي كافرة والعياذ بالله، متاخدش وتدي معاها، نفسي أعرف حكايتها إيه، دا الشحط مجدي بيخاف منها، حتى زابط المباحث بيخاف منها، دي ضربت واد اسمه حسن، كان بيشتغل في الهوتيل اللي تحتينا، بموس الحلاقة، وعورته جامد في وشه، وراحت اللومان ستتشهر، وأما طلعت رجعها الدكتور رأفت ابن مصطفى الله يرحمه، خلي بالك، ما تزيدش معاها، ولو عايز حاجة ضرورية منها تقول لام حاتم.

كانت رشا في نهاية العشرينات، لم يمنحها العلي القدير لا المال ولا الجمال، تربت في ملجأ للأيتام حتى سن الرابعة عشر، ثم تركته إلى الشارع، لتقاتل من أجل لقمة العيش، قبل أن تستأجر شقة صغيرة جدا في حي العمرانية الشعبي، وتقيم فيها.

أحضرها عم مصطفى رحمه الله، لتعمل في الفندق، وهي في السادسة عشر، وقد تركت العمل عدة مرات، لكنها كانت تعود دائما دون أية مشاكل.

كانت دائما ترتدي البنطلون الجينز والقميص، وتقص شعرها قصيرا، ولا ترتدي الحجاب، كما ترتديه الغالبية العظمى من

بنات طبقتها الفقيرة، إضافة إلى أن السيجارة لا تفارق شفتيها إلا عند خلودها للنوم. كانت تبدو للناظر من بعيد كرجل، إذ لم يجد عليها الرب إلا بالقليل القليل من المؤخرة والنهدين.

عاد الهدوء إلى المكان، واسترخى لقيلولة الظهيرة، فصعد عم نجاح إلى السطح، واستلقى تحت معرش الجريد، بينما دخلت ام حاتم ورشا إلى أوضه خالية وخلدتا للنوم، وجلس الكوتش على الكرسي خلف الريسبشن لأول مرة منذ الصباح، أخرج ثلاث سجائر، مزقها ووضع التبغ على ورقة، ثم سخن قطعة من الحشيش بعد أن لفها في ورقة سولفان، وألقى بها على التبغ، وفركها حتى ذابت، فأخرج ورقة بفرة من النوع الطويل، ولف لفافة عظيمة، صعد إلى السطح ودخنها بنهم، ثم عاد إلى الكرسي خلف الريسبشن، شغل المروحة وحاول أخذ قسطا من النوم.

عند الخامسة، دخل الفرنسي الهوتيل ليستلم ورديته، وقبل أن يضغط زر البراد، دخلت رشا، وقالت والغضب لا يزال على وجهها:

- لفلي فردة أدخنها لما اوصل البيت.

- حاضر، من عينيه، ولف لها سيجارة على عجل، فتناولتها ووضعتها في شنطتها وغادرت، والكوتش ينظر إلى الأرض.

- ايه، مالها مش على بعضها البت رشا؟ عملت خناقة مع مين؟

- اتصل في ام حاتم واسألها، أو اسأل عم نجاح، لسه مصلي معاه العصر من شويه، تلاقيه لسه نايم على السطح.

- ماشي يا كوتش، طب لف فردتين خلينا نستلم، وتخلع إنت.

- لا، أنا حاطلع السطح أتمرن شويه كدا.

- ماشي، بس متحدفش الحديد على السطح، وتقلق الزباين.

- حريحها شويه شويه لما اخلص الدور، وأخرج ورقة دفتر بيضاء، فرط عليها أربع سجائر، وما هي إلا دقيقة حتى كان يناول الفرنسي لفافته، صعدا إلى السطح، في الوقت الذي كان عم نجاح يستفيق من قيلولته، فقرعه الفرنسي السلام.

- عليكم السلام، حكى لك صاحبك الكافرة الجاحدة رشا عملت معاه إيه؟

- لا، قلي أسألك إنت وام حاتم.

- ليه مقلتلوش ياض؟

- قولت لنفسي يسمع منك أحسن.

سرد عم نجاح ما جرى بالتفصيل، وبعد كل جملة، كان يدعو العلي القدير أن يسخطها حجرا، أو عصا، أو يفرمها المترو، أو مرض يركبها، ونزل عن السطح وهو لا زال يدعو عليها، أغلق المطبخ وهو يدعو، وغادر الهوتيل وصوته لا زال يصل الفرنسي و الكوتش، فجاء خواجة، وسأل عن الأمر:

- هل يقرأ القرآن؟

- نو، نو، إنه يدعو ربه.

- ولماذا يبدو غاضبا جدا.

- لا أعرف.

- شكرا. وعاد الخواجة ليجلس مكانه.

- شايف يا كوتش عم نجاح عمل فرجة.

- وهو زنبه إيه، الحق على البت الجاحدة رشا.

- اسمع، متتكلمش مع رشا في الدين، ومتحشرش نفسك في شئونها، وهي حتكون معاك تمام، هيه بس حبت تدبحلك القطة من أولها، سيبها في حالها يا كوتش، لكم دينكم ولي دين.

- ماشي يا فرنسي، وعج النفس الأخير من اللفافة، ونزل إلى الريسبشن، فسلم الوردية، ثم صعد وبدأ تمرينه، ولم يغادر إلا عند العاشرة ليلا.

رتب الكوتش أثقال الحديد في ركن على السطح، بعيدا عن معرش الجريد الذي يجلس تحته النزلاء، وأصبح هذا الركن جيم الكوتش، يصعد إليه بمجرد انتهاءورديته، ولا يتركه حتى ساعة متقدمة من الليل. كلما تعب يلف لفافة من الحشيش، وينادي على الياباني، أو الفرنسي، فيجهزا عليها، ثم يعود للحديد.

استمر الكوتش على هذا الحال أربع سنوات، قبل أن يتزوج إحدى الفتيات الهولنديات التي قابلها في الفندق، ويترك عمله والبلد مهاجرا معها إلى هولندا.

[٤]

بعد أن غادر مجدي الفندق دخلت إليزابيت (فاطمة)
الريسبشن، وطلبت من الفرنسي أن يشتري لها أصبعا من
الحشيش، فأجرى اتصالاته، وخلال عشر دقائق، كان
الحشيش بين يديها، قضمت قطعة وناولتها للفرنسي كي يلف
سيجارتين، فلف وناولها سيجارتها وصعدت إلى السطح.

كانت اليزابيت في منتصف الخمسين، قصيرة وقليلة الحجم، ولا يتعدى وزنها الخمسين كيلو، ولم ينعم الرحمن عليها بمؤخرة مكتنزة، أو صدر ناهد، لكنها تمتلك وجها جميلا. أقامت في مصر اثني عشر عاما، ولم تغادرها سوى مرات معدودات، ولفترات زمنية قصيرة جدا.

عملت بعد شهرين من وصولها القاهرة، بأجر زهيد، مع إحدى المنظمات الإسلامية غير الحكومية، كمدرسة لغة إنجليزية للفتيات.   بعد شهر من عملها، أعلنت إسلامها، ولبست الحجاب، وغيرت اسمها إلى فاطمة، فضاعفت المؤسسة راتبها الشهري مباشرة، والله يضاعف لمن يشاء.

أحبت إليزابيت معيشة مصر، وأدركت بسرعة أن اعتناقها الإسلام سيساعدها كثيرا على الانسجام، والعيش بنعومة في المجتمع المصري، فلم يكن اقتناعا منها بمبادئ وتعاليم الدين الحنيف، كما كانت تدعي دائما، وتصر في محاضراتها المتعددة، التي تلقيها باستمرار.

أقامت في الهوتيل أربعة أشهر عند وصولها القاهرة، قبل أن تستأجر شقة متواضعة في مدينة نصر، بالقرب من عملها، وتستقر هناك، لكنها لم تنقطع عن زيارته أبدا، فقد كانت تأتي

على الأقل مرة أسبوعيا، لتشتري الحشيش، وتلتقي ببعض طلابها الذين تدرسهم الإنجليزية، وأصدقائها في وسط البلد. وقد أصبحت تتكلم العربية والمصرية العامية بأريحية كبيرة.

نزلت إليزابيت من السطح بعد أن فرغت من تدخين سيجارة الحشيش، وقالت للفرنسي:

- إنت متأكد يا فرنسي إن صاحبك معاه أربعين ألف جنيه؟

- اه طبعا معاه المبلغ ده، ويمكن زيادة شوية.

- وطبعا متزوج؟

- اه متجوز، إنت حتتجوزيه ولا حتتجوزي مراته؟! الله! إنت مسلمة يا فاطمة، وعارفة "مثنى وثلاث ورباع".

ضحكت وقالت:

- بس لازم يسلمني عشرين ألف جنيه قبل ما نكتب الكتاب، وعشرين يوم ما يستلم الفيزا من السفارة.

- دي الوقت أكلمه، أفهمه النظام من الآخر.

رن الفرنسي رنة على سيد وأقفل الموبايل، وما هي إلا ثوان معدودات حتى رجع له، فأخبره شروط إليزابيت المالية، وكيفية الدفع. وافق سيد، واتفقا أن يأتي غدا ومعه العشرين ألف جنيه، بعد مغادرة المهندس مجدي، حتى يتم عقد قرانه على اليزابيت.

في اليوم التالي، جاء سيد يحمل حقيبة جلدية صغيرة، وضع فيها النقود. كان في منتصف الثلاثين، متوسط الطول، رفيع، قبيح الوجه والعياذ بالله، أفكح الرجلين، وله شنب رفيع يمتد باستقامة فوق شفته المكتنزة الغليظة، فكان عندما يضحك يصبح شنبه أقصر بكثير من شفته، التي تتقوس إلى أسفل، على شكل نصف دائرة، وتغور عيناه الصغيرتان في رأسه الصغير، حتى تكاد لا تراهما.

قرع سيد الفرنسي السلام، وأخذه بالحضن، فضغط الأخير زر البراد ليجهز الشاي، ونادى على ام حاتم ورشا وعم نجاح ليسلموا على سيد، فقد تعرفوا عليه عندما أقام سبعة شهور في فندق النورس الواقع في الدور السادس، وكان يتردد دائما على الفندق، ليحشش مع عمال الريسبشن، ويمتع نظره، ويغذي خياله بالنظر إلى أجساد الفتيات الخواجات.

قالت ام حاتم لسيد:

- إيه اللي رماك علينا ياض يا سيد؟ والله ليك وحشه ياض.

قبل أن يرد سيد، جاء صوت الفرنسي:

- أبو السيد اليوم فرحه، حيتجوز ويقب على بريطانيا يا ام حاتم، مين قده.

- ألف مبروك يا سيد، وحتتجوز خوجاية بريطانية ياض؟

- لا، خوجاية أسوانية يا ام حاتم، وحيسافر معاها شيلاتين.

أجاب الفرنسي مستهزئا.

- يتجوز اللي يتجوزها يا ام حاتم، المهم احنا عايزين الحلوان.

- وليكم الحلوان يا عم نجاح، يا راجل يا طيب.

- تاخدناش في دوكة ياض، تفز تنزل تروح تجيب من العبد بسبوسة.

- أيوه يا سيد، برضه المناسبة جامدة، وعايزه حلوان.

- ماشي، أديني نازل.

– وأنا عقبال ما ترجع أكون دبرت سيجارتين، نزبط بيهم الدماغ.

ومين الخوجاية اللي اتعمت وحتتجوز سيد؟ وفين اتعرف عليها يا فرنسي؟

قبل أن يجيب الفرنسي على ام حاتم قالت رشا مستهزئة ضاحكة:

– وانشاء الله حتاخدوه في قفص على بريطانيا العظمى، مش يمكن مفتكراه سعدان.

أعادت ام حاتم السؤال.

_ اليزابيت، فاطمة البريطانية، طمطم يا ام حاتم.

ضحكت أم حاتم مكررة، وقالت:

_ ده خامس جوز تسفره طمطم، دي كام سنة وتخرج نص رجالة مصر، وكدا ناخد بتارنا ونحتل البريطانيين زي ما احتلونا، مش همه دول البريطانيين اللي احتلونا أيام سعد زغلول يا فرنسي؟

– ربنا يسهل وتزبط أبو السيد، خليه يقب على وش الدنيا.

تدخل عم نجاح مستفسرا:

– وانت كام حتاخد سمسرة على الجوازة المنيلة دي؟

– والله ولا حاجه يا عم نجاح، دي بس حركة جدعنة بعملها مع صاحبي؟ دا أعز من أخويا.

– اسمعي يا ام حاتم، الفرنسي بقى دلوقتي بتاع حركات جدعنة، الله لا يحرمنا من جدعنتك ياض.

دخل سيد الريسبشن، في يده صندوق البسبوسة، أعطاه لأم حاتم، فتناولته وأطلقت زغرودة رنت في كل العمارة، حتى أن بعض نزلاء الفندق تجمعوا في الريسبشن ليستفسروا، فقامت ام حاتم بإطلاق الزغاريد أمامهم، وأخذ الفرنسي يشرح لهم، ويثقفهم حول الزغرودة، وأسباب إطلاقها.

صعد أبو السيد والفرنسي إلى السطح لتدخين لفافتين من الحشيش، وترتيب عقد القران، فترك الكوتش الأثقال ليدخن معهم ما تيسر.

– أهلا أبو السيد، إيه اللي رماك الهوتيل عندنا؟

– أبو السيد يعرف الهوتيل يا كوتش من فترة طويلة، لما طرده أبوه من البيت قعد في فندق النورس اللي تحتينا، ووجه بعد ذلك كلامه إلى سيد:

دلوقتي حتصل في مولانا الشيخ أحمد خفة عشان كتب الكتاب، وحكلم الياباني، وادي الكوتش موجود، عشان يشهدوا، وحتصل في العروس تيجي، يعني ساعة كدا ونقولك مبروك يا عريس، وتكون قطعت نص الطريق لبلاد الإنجليز.

– ألف مبروك، هو إنت حتتجوز التانية؟

– أيوه، حيتجوز التانية.

– تمام يا صاحبي، بس انا عندي سؤال.

– اتفضل اسأل.

– أنا حدخل عليها؟ ولا بس حيكون على ورق.

– مسئلتهاش في الحتة دي يا ابو السيد، بس إنت إيه رأيك؟ عايز تدخل والا لاء؟

– أما أشوفها أبلغك.

- كلها ساعة وتشوفها وتشوفك، وبعد ميمشي الشيخ خفة، لو عجبتك افتح موضوع الدخلة.

تدخل الكوتش:

- وهو حيتجوزها ليه لو مش حيدخل عليها؟ الله؟

- يا كوتش جوازة فيزا، فهمت؟

- أيوه فهمت، حرجع اتمرن شوية، لما تحتاجوني اندهوا عليا.

- ماشي يا شمشون عصرك وأوانك، يا برنس الحديد والصلب، وكهكه الفرنسي وأبو السيد.

أجرى الفرنسي اتصالاته بالمأذون والياباني واليزابيت، جاء الجميع وصعدوا إلى السطح، استلمت اليزابيت العشرين ألف جنيه من سيد كمهر أمام المأذون، الذي كتب الكتاب، وشهد الياباني والفرنسي عليه، بينما كان الكوتش منشغلا برفع الأثقال.

بمجرد أن انتهى المأذون من عقد القران، أطلقت أم حاتم وابلا من الزغاريد، ثم صدحت هي ورشا وعم نجاح: مبروك عليك يا معجباني يا غالي.. يا غالي، عروستك الحلوة قمر بيلالي،

عروستك الحلوة قمر. وأطلقت ام حاتم وابلا آخر من الزغاريد.

لم يمض شهر حتى دخل سيد الريسبشن غاضبا، وقد احمر وجهه، وغارات عيناه، وامتدت شفتاه كشفتي بعير، وزادت فكحة رجليه، لم يقرع الكوتش السلام، وانطلق مباشرة إلى المطبخ، حيث يجلس عم نجاح وأم حاتم يتحدثان ويأخدان قسطا من الراحة، فانطلق خلفه الكوتش قائلا:

- إيه، إنت فاكرها وكالة من غير بواب، طب رد السلام الأول، ووحد ربنا، وتعال معايا الريسبشن نشوف إيه حكايتك.

- لا حكاية ولا رواية، أنا عايز ابن الوسخة.

خرجت أم حاتم من المطبخ وهي تقول:

- اتفضل يا عريس الهنا، مالك سايب العروس في شهر العسل.

- عسل إيه يا ام حاتم، ابن الوسخة وبت الوسخة ضحكوا عليا، وأخدوا تحويشة العمر، بس أنا متضربش على قفاي، دنا بيتي اتخرب يا عم نجاح.

١٢٢

- اقعد بس وهدي أعصابك، اعمله كوباية شاي يا عم نجاح،
تشرب الشاي وتفهمنا الحكاية، والفرنسي زي أخوك، اللهم
خزيك يا شيطان.

- الفرنسي وفاطمة القحبة هما الشيطان نفسه، ضحكوا عليا
يا ام حاتم، قشطوني اللي تحتي واللي فوقي، وأخذ يضرب
بيديه على رأسه.

_ صحتك بالدنيا يا ابو السيد، متزعلش نفسك وفهمنا.

- السفارة رفضت تديني فيزا، خسرت ٤٠ ألف جنيه على
فشوش يا ام حاتم.

- وليه رفضوا الكلاب؟

- روحنا السفارة أول مرة، طلبوا منها ورقة إنها مطلقة، لأنه
في السفارة مكتوب إنها متجوزة، الواد المصري اللي تجوزته
قبل تلت سنين مطلقهاش، خد الفيزا وطلع بريطانيا ومسمعتش
منه، وأنا كمان لازم أجيب ورقه إني مش متجوز، الفرنسي
ابن الوسخة فهمني إني مش محتاج أطاق مراتي، لأني مسلم
والبريطانيين بيحترموا الدين، طلع كداب، وطلعوا البريطانيين
ولاد قحبة، كفرة، فقال عم نجاح:

١٢٣

– استغفر الله العظيم، انشاء الله الإسلام يهزمهم ويمرمغ وشهم بالتراب، زي ما عمل فيهم صلاح الدين، فردت أم حاتم:

– يا عم نجاح احنا دلوقتي في الكفار والمؤمنين، كل واحد على دينه الله يعينه، وحصل إيه بعد كدا؟ كمل.

– اتفقت معاها أطلق مراتي، وهي تطلق جوزها، فقاطعه عم نجاح مزمجرا:

_ وطلقت مراتك، أم عيالك، يا موكوس!؟

– ربنا يسامحني، ويا ريت وقفت على قد كدا يا عم نجاح، ورجع يضرب رأسه بيديه ويبكي.

– وحد ربك يا ابو السيد، واشرب الشاي، وقلنا حصل إيه بعد كدا؟

كان الاتفاق يا أم حاتم أديها ٢٠ ألف لما نكتب الكتاب، وزيهم لما آخد الفيزا، دفعت الأربعين ألف ومخدتش حاجة، بس والله ما حاسيبهم، لو حتى روحت اللومان فيهم.

_ بس وحد ربك يا أبو السيد، الفرنسي طيب وميبعكاش للخوجاية.

- دا هو اللي فهمني إني لازم أديلها العشرين ألف التانيين عشان تخلص ورق الطلاق بتاعها.

- طيب وخلصت الورق؟

- اه خلصته، ورحنا السفارة، قالولنا ارجعوا بعد أسبوع، رجعنا ورفضوا الفيزا عشان الست فاطمة ورقتها بقت مضروبة عند السفارة، دي سادس جوازة من يوم ما دخلت مصر.

- حظك منيل بنيلة يا ابو السيد، وجت على وشك يعني؟!!

- أنا والله ما كت عايز الحكاية كلها من قبل كتب الكتاب، من ساعة ما شفتها على السطح، وقلت للفرنسي نفسخ من الموضوع، قلي: بعد ما وصلت أبواب لندن، واللقمة بقت في بوقك عايز ترفص النعمة، نعمة إيه يا ابن الوسخة، بس أنا عبيط وبريالة اللي أمنتله.

- وإيه دخل الفرنسي في السفارة؟ الحق على الولية اللي متتسماش، إنت لازم تطلع الفلوس من حبابي عينيها.

- اديني قاعد بستنى الفرنسي، ومش حسيبه إلا لما يرجع الفلوس.

بعد ساعة تقريبا سمع سيد الفرنسي يضحك في الريسبشن، فخرج كالثور الهائج، أمسك به من قميصه، وحشره في الزاوية، فتدخل الكوتش وخلصه، وحمل سيد بين يديه وأجلسه على المقعد الخرساني، وثبته إلى الحائط بيده حتى لا يتحرك.

أخذ عم نجاح وأم حاتم الفرنسي إلى المطبخ:

- إيه العملة المنيلة دي؟ بتبيع صاحبك لخوجاية، والله عيب عليك.

- يا عم نجاح لا بعته ولا حاجة، هو اللي عايز كدا، لما حاولت فاطمة تخلع جوزها، كان لازم تدفع ١٥ ألف جنيه، عشان تحصل على ورقة الطلاق من الشهر العقاري، ما انت عارف، البت بريطانية وجوزها مش عارفة فين سكته، ومن غير دفع مكانتش حتقدر تحصل على شهادة طلاق. فاطمة كانت مفتكرة إن السفارة حتديله الفيزا زي كل جوازها اللي قبل كدا، قامت السفارة رفضت، وبرج من عقل سيد وطار، اتهجم على فاطمة وهما مروحين من السفارة، كان حيضربها بس

هربت منه على جامع عمر مكرم، والمصلين منعوه عنها، وانا يا عم نجاح اترجيتها متروحش القسم وسفارتها وتبلغ فيه.

جاء سيد إلى المطبخ وقد أمسكه الكوتش من يده، وصرخ في الفرنسي:

- برضه حقي مش حيروح يا فرنسي، أنا ماشي دلوقتي، بس حاخد حقي منك، ومن القحبة فاطمة.

أخذ الكوتش سيد من يده، وأوصله إلى باب الهوتيل، وقال:

- بلاش يا أبو السيد تعدي هنا مرة تانية، لو بينك وبين الفرنسي مشكلة تخلصها برة الهوتيل، أنا مش عايز عيشي يتقطع.

- ماشي، مش حعدي هنا تاني، بس بلغ ابن الوسخة إن حق سيد مش حيضيع. وانطلق نازلا السلم.

في المطبخ، كان عم نجاح قد أخذ من مشكلة سيد سببا ليعطي الفرنسي وأم حاتم موعظة:

بلاد برة لحست عقول الشباب يا أم حاتم، بعدتهم عن ربنا، ودين المصطفى، والله لربنا يخسف بينا الأرض من ورا العيال

دول. وضغط على زر الراديو، فجاء صوت عبد الباسط عبد الصمد مرتلا: "إنهم فتية آمنوا بربهم وزدناهم هدى"، فنظرت أم حاتم إليه، وقالت:

- خلاص يا عم نجاح، اذا قرء القرآن فاستمعوا له وأنصتوا لعلكم تتقون.

- اسلمتي يا ام حاتم خلاص، حطلع السطح أصلي العصر واخد بعضي وامشي، مش عايز تصلي يا فرنسي والا إيه؟!

- أيوه يا عم نجاح، أتوضا واطلع وراك.

توجه عم نجاح إلى السطح وهو ينادي:

- أنا طالع يا كوتش السطح أصلى العصر، إلحقني نصلي جماعة.

- أنا هنا على السطح بستناك يا عم نجاح.

[٥]

دخل المهندس مجدي على الريسبشن، وفي يده جريدة على غير عادته، فقام الكوتش عن الكرسي، وأفسح له المكان، جلس وفتح الجريدة:

- روح يا كوتش وصي نجاح الشحط على فنجان القهوة بسرعة.

- حاضر يا هندسة، وتوجه بخفة إلى المطبخ، فأوصى عم نجاح، وعاد بسرعة، ووقف عن يمين المهندس مجدي، الذي رفع رأسه قليلا، وقال:

- شوفت حصل إيه لزين العابدين بتاع تونس؟

- أيوه، سمعت إنه ولع في نفسه في السوق، وتونس ولعت بعد كدا، عايزين الريس بتاعهم يمشي.

ضحك المهندس مجدي مكركرا، ضحكة أيقظت سكون المكان:

- أيوه، والريس بوعزيزي هرب هو ومراته على السعودية، واختلط صوته بضحكاته: يا كوتش زين العابدين هو رئيس تونس، وهرب على السعودية، اللي ولع في نفسه بوعزيزي، وعشان كده تونس ولعت، ومشت الريس، بس حيندموا عليها التوانسة.

- ليه هو ريسهم حلو والا وحش يا هندسة؟

- ريسهم حلو زي ريسنا، بس الشعب حمار، مش فاهم مصلحته.

- الحمد لله يا هندسة إني مبفهمش في السياسة، حتى معرفش أقرا الجريدة، خطها صغير، بس بفك المانشيت.

- والله انت يا كوتش مريح دماغك، ماله الشحط نجاح اتأخر في القهوة؟ روح استعجله.

عاد الكيوت إلى الريسبشن ومعه فنجان القهوة، وضعه أمام الباش مهندس وقال:

- دا عم نجاح يعرف في السياسة، بيتكلم مع أحمد الجنايني عن ريس تونس اللي هرب، وبيقوله دي ثورة، هو اللي حصل في تونس ثورة يا باش مهندس، زي ثورة ٢٣ يوليو اللي في كتاب التاريخ بتاع الإعدادية يعني؟

- يا راجل إيه اللي فهم الشحط نجاح في السياسة والثورة؟! الراجل مبيعرفش يفك الخط، تلاقيه سمع كلمتين من الراديو، وقعد يفتي، اللي حصل في تونس شوية عيال صيع لموا بعضيهم على النت، ونزلوا الشارع عايزين الريس يرحل، فاهم يا كوتش؟

- أيوه يا هندسة، فهمت.

١٣١

– تونس معندهاش أمن مركزي زينا، يضرب الولاد الصيع علقه ويسلمهم لأمن الدولة، وكمان الجيش عندهم خفيف، يعني عدده قليل، فاهم؟

– أيوه فاهم يا باش مهندس.

– الجيش مقدرش يحمي الريس من العيال دول، فخاف يخشوا القصر عليه، ويقطعوه هو ومراته، فركب الطيارة وهرب على السعودية، هي دي بس الحكاية.

– هندسة والله.

– دخلت الفتاة الهولندية التي تدعى سابينا الريسبشن، وهي تنظر إلى الكوتش مبتسمة:

– قود مورنينق.

– قود مورنينق سابينا. أجاب المهندس مجدي والكوتش.

– كيف حالك اليوم خالد؟

– فاين، الحمد لله، ثانكس.

– ومفيش هاو ار يو مجدي؟

– سوري، هاو آر يو مجدي؟ وضحكت، وانطلقت على عجل قائلة: سأذهب إلى المتحف، إلى اللقاء.

فجاء صوت الكوتش رقيقا:

– قود باي سابينا. نظرت إليه، وابتسمت ابتسامة رقيقة، وغادرت.

– إيه يا واد يا كوتش، البت عينها منك، شوفت إزاي بتبتسملك.

– أنا مليش في الحرام يا باش مهندس.

– طيب إيه لمك على الواد الصايع الفرنسي، دا كافر، صايع، بيعمل الكباير كلها، ويطلع يصلي ورا الشحط نجاح فرض بفرضه.

– والله إنت يا هندسة واخد فكرة وحشة عن الفرنسي، دا جدع واخو صاحبه.

– الواد دا شيطان، مش عارف أرساله على بر. وعاد لتقليب الجريدة، ثم نظر إلى عضلات الكوتش المفتولة وقال:

– إنت مفروض روحت الأولمبيات يا كوتش.

- قبل سنتين أو تلاتة، جاني الكوتش بتاع نادي شباب روض الفرج، وقلي إنه حيعرفني على الكوتش جيمي الخواجة، اللي درب كرم جابر، تعرف مين كرم جابر يا باش مهندس؟

- أومال ياض، مش دا المصارع اللي خد الميدالية الدهب في الأولمبيات؟

- أيوه، عليك نور يا هندسة.

- بس قلتله أنا غاوي حديد لنفسي، مش عشان البطولات، أنا بهرب من الدنيا دي بالحديد يا باش مهندس.

- سيبك من كرم جابر والحديد، المهم البت عينها منك من ساعة منزلت الهوتيل، إنت مش واخد بالك يا قفل؟!

- قلتلك يا هندسة مليش في الحرام.

- طيب روح شوف أم حاتم ورشا وضبوا الإوض، ١٢ و٢٢ و٣٣ و١٤، متنساش يا كوتش.

- حاضر يا هندسة.

دخلت سابينا الهوتيل، عائدة من زيارتها للمتحف، مرت عن عم نجاح وأم حاتم ورشا والكوتش وهم يتناولون الإفطار،

فقرعتهم التحية وهي تنظر إلى الكوتش مبتسمة، فقالت أم حاتم:

- هاي، اتفضلي معانا.

لم تتردد سابينا كثيرا، فترك الكوتش مقعده وأجلسها، وذهب فأحضر مقعدا من الفناء، وجلس بجانب أم حاتم، مقابل سابينا، بينما أخذ عم نجاح يتمتم بكلمات غير مفهومة، تعبر عن غضبه، وعجل في تناول الطعام، وما هي إلا لحظات حتى حمد الله، وتوقف عن الأكل:

- أروح أعمل الشاي، واسمع الأخبار، أشوف حصل إيه في تونس، والله التوانسة طلعوا أبطال.

- وانت كمان بطل يا عم نجاح، وكهكهت أم حاتم، فقالت رشا:

- مش لو تولع في نفسك يا كوتش زي الواد بوعزيزي، كنا نرتاح منك، ويمكن الريس يمشي ويروح السعودية، ومعاه سوزان وولاده المخسعين.

– بس يا بت، احنا ملناش في السياسة، خلينا نشوف سابينا يمكن عايزه نتف والا حف والا حاجة، عايزين ناكل عيش.

حاولت أم حاتم، بكل ما أوتيت من مفردات اللغة الإنجليزية، أن تفهم سابينا ما هو التحفيف، وقد فهمت قليلا، لكنها لم تلم بكامل الموضوع، فطلبت العون من الكوتش: فهمها معايا ياض.

– أفهمها إيه يا أم حاتم، إنتي عايزه الفرنسي مش أنا.

– هو لو هنا كت سألتك يا أستاذ حديد نحن الزغاليل، وضحكت ثم قالت لسابينا، إنها ستجعل الفرنسي يشرح لها عندما يصل، فضحكت سابينا، وقالت: أوك.

بمجرد وصول الفرنسي، طلبت منه أم حاتم أن يشرح عملية التحفيف لسابينا، ويسألها إذا ما كانت تريد أن تفعل ذلك. كانت سابينا تجلس في الريسبشن على المقعد الخرساني، تتحدث مع الكوتش بعد أن غادر مجدي، فشرح لها الفرنسي وسألها، فوافقت دون تردد.

أعدت أم حاتم طاجن الحلاوة، ودخلت مع سابينا غرفتها. بعد أن فرغت ودخلت الأخيرة كي تستحم، ذهبت إلى الريسبشن، بينما يسلم الكوتش الفرنسي الوردية، أشعلت سيجارة وقالت:

- دي بت موزه موزه، وتستحمل النتف، اه يا كوتش، أقلك إيه والا إيه. وضحكت مكركرة.

- حرام عليكي يا أم حاتم، انت شايفة الكوتش مش على بعضه.

جاء صوت عم نجاح:

- ياض يا فرنسي، يا كوتش، انا اتوضيت وطالع أصلي العصر.

- خمس دقايق ونطلع وراك يا عم نجاح.

انتهى الكوتش من صلاة العصر، غير ملابسه، لبس الشورت الطويل والشباح، وأخذ في رفع الأثقال كعادته، بعد عدة دقائق صعد إليه الفرنسي بلفافتين من الحشيش، فتوقف الكوتش، وتناول إحداهما، جلسا يدخنان ويثرثران. جاءت رشا، وهي تحمل كوما من الملايات، جمعتها عن أحبال الغسيل:

- إيه بتتكيفو، ورشا بنت كلب، يطلع دين امها في الشغل.

ومدت يدها، وأخذت السيجارة من الكوتش:

- هات كدا، خليني أريح دماغي شوية. وشدت نفسا طويلا،
ثم أعادتها وتركتهما وهي تقول:

- ياض يا فرنسي، لفلي سيجارة اخدها البيت معايا، أدخنها
قبل ما اتخمد وانام.

- حاضر يا رشا من عينيا.

- اختفت رشا، وقال الكوتش: أنا هايج يا صاحبي، ومتلخبط
وخايف.

- هايج فهمناها يا كوتش، بس خايف ومتلخبط من إيه؟

- يعني حيكون من إيه يا فرنسي، من الحرام، ربنا يبعد شره
عنا.

- إيه ياض، سابينا عملت حاجة معاك؟

سحب الكيوت نفسا عميقا، واسترخى قليلا على المقعد
الخشبي، ونظر حوله نظرة تأملية، جابت جميع أنحاء
السطح، قبل أن ينظر إلى الفرنسي مبتسما:

- من الآخر يا صاحبي، تفتكر سابينا توافق تتجوزني بالحلال؟ أنا بصراحة حبيتها، وقلبي ارتاحلها، ومستعد أتجوزها، وأفك من البلد دي أشوف مستقبلي.

- اللي أعرفه يا كوتش، إن البنت عيزاك، بس بالحلال والا لا، ربنا أعلم، إسألها.

- يعني على كدا أقلها إني عايزها بالحلال؟ أنا هايج من ساعة مشفتها، أتجوزها بالحلال وأفك من البلد.

- يا كوتش البنت عايزاك، إنت مشفتهاش وهي بتبص ليك وانت بتلعب حديد، دي مبتطلعش من الهوتيل.

- وانا كمان مش عايز أروح، عايز أفضل ألعب حديد للصبح. أنا هايج يا صاحبي، عايز اتجوزها بالحلال والله.

- قلها إنك بتحبها وعايز تتجوزها، هيه كمان شوية حتطلع تتفرج عليك وانت بترفع الحديد يا شمشون. ريح واشرب معاها سيجارة وقلها.

- بس إزاي أقلها إني عايز أتجوزها بالحلال، وعلى سنة رسولنا المصطفى، بالإنجليزي؟ أنا عايزها تفهم إني حتجوزها

جواز إسلامي، أصل مجدي بيقلي معندهاش دين، كافرة والعياذ بالله.

– دا ميعرفش حاجة، لا في الدين، ولا في الدنيا، البنت مسيحية، على سنة المسيح عليه السلام، ويجوز للمسلم يتجوز مسيحية أو يهودية، وتفضل على دينها، وعلى رأي أم حاتم، كل واحد على دينه الله يعينه.

– والله إنت أستاذ ومعلم وبتقول كلام صعب يا جميل. ووقف وحضن الفرنسي حضنا قويا، كاد يهشم أضلاعه: إنت صاحبي وأخويا. فتملص الفرنسي منه، وهو يقول: سيبيني، دا انت هايج موت.

– اه هايج، بس بحبها.

– ربنا يباركلك، البت موزه وكلبوظة، زي إلهام شاهين في شبابها.

– اه والله، وانا بقول بتشبه مين، بتشبه مين يا كوتش، هيه إلهام شاهين.

– أديها جاية على السلم، إشطة يا كوتش، عيش أيامك، عيش لياليك، خلي شبابك يفرح فيك، ونهر بصوت قوي، عيش. ونزل السلم إلى الريسبشن مكركرا، بينما عاد الكوتش إلى رفع الأثقال، فتوجهت إليه، وسألته أن تتدرب معه، فرد سريعا: يس، يس.

– شكرا، سأذهب لتغيير ملابسي، وأعود إليك حالا.

– أوكي، أوكي.

– صعدت سابينا إلى السطح وهي ترتدي شورتا أسمر، "بودي"، يشف عن خلفيه مكورة بارزة، متماسكة يسيل لها اللعاب، وتحيي العظام وهي رميم، وشباح أبيض، يستر نصف نهدين بيضاوين كالحليب، مكتنزين وثابتين، قد أبدع في خلقهما العلي القدير، سبحانه، إنه جميل يحب الجمال.

نظر الكوتش إلى سابينا، فشعر بأن عمودا من النار قد شب في وسطه، فأنزل من يديه الأثقال على عجل، واستأذن سابينا وذهب إلى الحمام، أرخى بنطاله قليل، وقبض على عضوه بقوة، أغلق عينيه، وترك العنان لخياله. عندما خرج وقعت عين الفرنسي عليه، فقال:

- إيه ياض، ريحت؟ طفيت نارك وضربت عشرة؟ وضحك مكركرا.

- اه يا صاحبي، لازم أعمل كدا، ربنا يسامحني.

- اتجوزها عرفي ياض، حتوافق.

- ربنا يجيب اللي فيه الخير. وصعد السلم راكضا.

كانت سابينا تحمل ثقلين من الحديد، كل ثقل في يد، وتمرن عضلات ذراعيها، استلقى الكوتش على المقعد الخشبي الطويل، ووضع يديه على بار الحديد، وبدأ في رفع الأثقال من صدره إلى أعلى، وهكذا دواليك حتى غرق في عرقه، فتوقف وتوجه إلى المنشفة، مسح العرق عن وجهه، وجلس على المقعد الخشبي، وأشعل سيجارة.

وضعت سابينا الأثقال جانبا، وجلست بجانب الكوتش، لا يفصلها عنه شيء، مد لها سيجارة فأخذتها، وضعتها بين شفتيها، فمد يده وأشعل الولاعة، مالت قليلا فرأى النهدين كاملين، واشتعل عمود النار في وسطه من جديد:

- شكرا، وضحكت بخجل، إنك رجل وسيم، وأنا استلطفك يا كوتش.

احمر وجهه، وتقطع صوته:

- شكرا شكرا، وأنت جميلة أيضا.

مالت قليلا باتجاهه، وقبلته على شفتيه قبلة سريعة، وانطلقت باتجاه السلم وهي تقول:

- أراك الليلة، مع السلامة.

نزل الكوتش إلى الريسبشن، وهو مشدوه، وقد احمر وجهه.

- مالك؟ مش على بعضك ليه؟

- مش حتصدق.

- متخلص ياض؟

-سابينا باستتي من بوقي.

- وانت زعلان والا فرحان؟

- مش عارف، بس ربنا يسامحني.

- هو انت اللي بوستها عشان ربنا يسامحك، متكونش لما باستك قمت بايسها.

- لا والختمة الشريفة، باستني ومشيت، بس قلتلي حشوفك بالليل.

- مدام كدا، الذنب ذنبها، وهي اللي محتاجه ربنا يسامحها، ياض قلها إنك عايز تتجوزها، وليك عليا أجيب الشيخ خفة، وخير البر عاجله، وتنام في حضنها الليلة.

- ماشي يا فرنسي، حقلها، ولو عايزة بالحلال، على بركة الله.

- أيوه، تمام كدا، وأحلى من الحلال مفيش، على رأي توفيق الدقن. وضحك مكركرا.

صعدت سابينا إلى السطح ليلا، فتوقف الكوتش عن التمرين:

- ممكن احكي معاكي شوية؟

- اه ممكن طبعا.

- طب انزل الريسبشن أجيب حتة حشيش نضربها.

- زي ما تحب.

صعد الفرنسي مع الكوتش وجلسا، أشعلوا السجائر، وساد الصمت وهم يسحبون الأنفاس، ويسترخون، إلى أن قال الفرنسي:

- قول حاجة يا كوتش، والا اتكلم أنا؟

- لا، أنا حقول، بس خليني أشد نفسين، وألم نفسي شوية. وانعدل قليلا على كرسيه، وقال بسرعة:

- سابينا، أنا بحبك وعايز أتجوزك.

- ماذا تقول؟!!!

- بيقول إنه بيحبك، وعايز يتجوزك.

- وأنا معجبة كثيرا بك، لكنك فاجأتني، هل الحب والزواج في مصر يحدث في نفس اللحظة؟! وضحكت قليلا.

- قول حاجة، رد عليها.

- أنا حقيقة بحبك، وأريد أن أتزوجك.

- ما انت قولت الكلام دا، قول حاجة تانية.

– إنت قول، أنا مش قادر أقول أكتر من كدا.

– باختصار، الكوتش بيحبك، بس ميقدرش يمارس معاكي الحب بدون زواج، خايف يروح النار.

– لكن الزواج ليس بالمسألة البسيطة.

– الجواز عندنا حاجة بسيطة خالص، ورقة يكتبها شيخ، ويشهد عليها اتنين، تتعمل في ربع ساعة، يعني اتصل في الشيخ واتنين معارف، خلال نص ساعه يكونوا هنا، يكتب الشيخ الورقة، وانت والكوتش تمضوا عليها، ويمضي الشاهدين، وخلصت.

– ضحكت سابينا: إذا كانت القصة بسيطة كذلك، فأنا موافقة أتزوج الكوتش.

– ألف مبروك يا كوتش.

– إيه؟ وافقت؟

– اه وافقت، أومال بقولك مبروك عشان رفضت يعني؟ الله.

حضر مولانا الشيخ خفة، وحضر الياباني. كتب مولانا الكتاب على عجل، وشهد الفرنسي والياباني، ناول الفرنسي مولانا

١٤٦

خمسين جنيها وأصبعا من الحشيش، وانصرف. أما الكوتش وسابينا، فدخلا غرفتها، ولم يخرج منها الكوتش إلا عند الساعة الثامنة صباحا، عندما قرع الياباني الباب عليه، ليوقظه قبل وصول المهندس مجدي.

خرج الكوتش من الغرفة، استحم على عجل، وصعد إلى السطح، صلى الصبح ونزل إلى الريسبشن، ضغط زر البراد الكهربائي، بينما الياباني يجلس صامتا، منشغلا في لف سيجارة حشيش. أعد الكوتش كأسا من الشاي، وقال:

- حروح خمس دقايق المطبخ، أقول لعم نجاح وام حاتم ورشا إني اتجوزت سابينا، وأوصيهم ميجبوش سيرة لمجدي.

- تمام، وانا حطلع السطح أكيف دماغي آخر تكييفة، لأني حبطل الحشيش خلاص.

ضحك الكوتس مكركرا:

- أيوه، حتبطل الحشيش، وتعيش إنسان جديد.

- لا يا كوتش، المرة دي حبطل، حبطل.

- بطل يا مان، ربنا معاك. وانطلق إلى المطبخ: صباح الخير يا جماعة.

- صباح النور، صباحك نادي ياض، وابتسامتك مالية وشك.

- كل خير انشاء الله يا ام حاتم، إمبارح تجوزت على سنة الله ورسوله، ومش عايز مجدي يعرف.

- تجوزت؟ بتقول إيه؟

- بيقولك تجوز على سنة الله ورسوله يا عم نجاح، وسألت:

- طب ازاي ياض؟ كدا على طول، بدون خطوبه؟!

قالت رشا وهي تعد إبريقا من الشاي:

- مين الخوجاية اللي كتبت عليها عرفي ياض، متكونش البت الهولندية اللي في أوضه تسعة؟

- أيوه، سابينا الهولندية، اللي في ٩ يا رشا.

- مش قولتلك يا ام حاتم، الواد مش حيستحمل، يوكسك.

- ليه يا عم نجاح؟ وهو الواد عمل إيه؟! دا اتجوز على سنة الله ورسوله.

- اه والله يا ام حاتم، مقدرتش، ومفيش قدامي غير الحرام والعياذ بالله، أو أتجوزها بالحلال، والحمد لله اخترت الحلال.

- ألف مبروك يا كوتش، لو مش خايفة سرك يتكشف كنت زغردت، وصحيت المكان، بس فين الحلوان؟ ومش أي حلوان، دا انت اتجوزت موزه، ووشك مفتح زي ورد الجناين.

- الحلوان لازم يكون زفر من عند أبو عيد، بعد ما يتقلع الشحط مجدي، ودلوقتي لفلي سيجارة على الماشي، أصطبح فيها على السطح.

- من عينيه يا رشا، دقايق وتكون عندك. ونظر إلى عم نجاح:

- قول مبروك، أنا برضه تجوزت على سنة الله ورسوله.

- أنا عارف، ربنا يهديكو، هو يعني مفضلش قدامكو إلا بنات الخواجات، على العموم مبروك ياض، اللي يحمل قربة مخرومة بتخر على دماغه.

- يبارك فيك يا عم نجاح. وغادر إلى الريسبشن ليستلم الوردية من الياباني، فسمع رشا تقول:

- تنساش السيجارة، بسرعة.

- حاضر، دقيقتين وعدي خديها.

- بس والله يا رشا الواد الكوتش اتجوز موزه، تلاقيها منيمتوش خالص؟ ضحكت، وأضافت: قصدي منيمتش الكوتش، مش حاجة تانية، ميروحش دماغك لبعيد.

غادر المهندس مجدي الهوتيل الساعة الثانية، فترك الكوتش الريسبشن، ودخل غرفة سابينا، ضاجعها مضاجعة سريعة، وعاد إلى عمله. عند الخامسة دخل الفرنسي ليستلم الوردية، فوجد سابينا والكيوت يتبادلان قبلات سريعة، ولمسات خفيفة.

- مساء الخير يا حلوين.

- مساء الخير.

- ممكن أخش الأوضة خمساية يا صاحبي، قبل ما ألف فردتين نضربهم واسلمك الشغل.

- ماشي، خش يا كوتش.

ذهب مع سابينا، ضاجعها سريعا، وعاد إلى الريسبشن، وإذا بعم نجاح ينادي: إيه يا ولاد مش حتطلعو تصلو العصر قبل ما امشي؟

- حاضر يا عم نجاح، أخش اخد دش بسرعة، واتوضا واكون عندك.

- أنا جاي يا عم نجاح، أنا مش على جنابة زي الكوتش، لسة ربنا ما رزقنيش الجنابة، اللهم ارزقنا الجنابة يا رب. وضحك وصعد إلى السطح.

بعد الصلاة، غادر عم نجاح، ودخن الفرنسي والكوتش الحشيش، ثم دخل الأخير الغرفة، ولم يخرج إلا بضع دقائق، من فتره لأخرى، لتدخين سيجارة حشيش، مع الفرنسي، أو مع الياباني، الذي لم يدم إقلاعه عن الحشيش سوى بضع ساعات كالعادة.

استمر برنامج الكوتش على هذا المنوال لمدة سبعة أيام، الفترة التي قضتها سابينا في الهوتيل، قبل عودتها إلى هولندا. فأقلع عن رفع الأثقال، وتفرغ تماما لثورته الجنسية، التي فجرتها

وغادرت، لكنها وعدته بالعودة بعد ثلاثة شهور، لمواصلة تلك الثورة العارمة.

[٦]

دخل الفرنسي الهوتيل عند العاشرة صباحا، قرع الكوتش الصباح، وضغط زر البراد الكهربائي مباشرة:

- ابن الوسخة لسه موصلش؟

- موصلش، بس انت إيه اللي جابك الهوتيل، كدا على غفلة.

- إنت مش عايش في البلد دي؟! من امبارح العصر والدنيا مولعة، الأمن المركزي في كل حتة، والعيال خرجوا مظاهرات

في وسط البلد والجيزة، ومصر كلها، إنت مشفتش الأمن وانت جاي الصبح؟

– لا والله ما خدتش بالي، كان عقلي في مراتي، انا من يوم ما سافرت وانا هايج، بفش غلي في الحديد، وعايز الشهرين الفاضلين يطيرو في غمضة عين.

– البلد كلها هايجه يا كوتش، ربنا يستر، الشحط مجدي مش حييجي النهار دا، جبان ويخاف ينزل الشارع والدنيا مولعة كدا، العيال الخولات ناوين يعملوها زي تونس، في مجموعة منهم عند عبد المنعم رياض، بتصرخ "الشعب يريد إسقاط النظام"، بس الأمن المركزي مقفل عليهم، البلد على كف عفريت يا كوتش، ربنا يستر، البلد هايجة.

– ربنا يستر، بس إيه، الحلال حلو قوي يا فرنسي.

مرت عدة أيام وظهر نائب الرئيس على التلفاز، وأعلن تنحي الرئيس، وتسليم الحكم للجيش.

كان يبدو أن كل شيء تغير في البلد، وفي هذا الفندق بالتحديد، فقد أشاعت الثورة، لفترة قصيرة، حالة من الحرية،

أدت بالكثير، خصوصا الشباب، إلى التمرد على المألوف، والسخرية منه، والتنكيت عليه.

دخلت رشا ومعها صديقة مصرية كندية، تعرفت إليها في الميدان، والعرق يتصبب منهما، وتعفر وجهاهما، جلستا على المقعد الخرساني في الريسبشن، فقال الفرنسي:

- في حاجة حصلت يا رشا؟

- ما حصلش حاجه ياض، كنا في مظاهرة في شارع محمد محمود، متخليك جدع كدا، وتشوف كوبايتين شاي، وتلف سيجارتين نريح بيهم دماغنا، علشان خاطر حننزل شارع البورصة، عندنا اجتماع على القهوة هناك.

- إيه يا رشا، هو انا بجيب الحشيش من الجمعية، كل شوية سيجارتين، متخلي صاحبتك سمر تقب بـ٤٠٠ جنيه، نشتري فيهم تمناية كدة.

أخرجت سمر ٤٠٠ جنيه من محفظتها، ومدتها للفرنسي، وهي تقول بمصريتها المكسرة: اتفضل، مفيش مشكلة. أخد الفرنسي المال ونزل مباشرة إلى الشارع، ليشتري الحشيش.

كانت سمر من أبوين مصريين يقيمان في كندا، وقد ولدت وتربت هناك، لكنها كانت تقوم بزيارة مصر باستمرار، أثناء عطلتها الصيفية، ودراستها الجامعية للإعلام، وقد نزلت مصر بعد تنحي الرئيس مباشرة، مستبشرة بالمستقل، وعملت مراسلة لإحدى الصحف الكندية. كانت في أواخر العشرين، داكنة البشرة، ممتلئة، متوسطة الطول، وكانت مثلية، تميل إلى جنسها من الإناث. تعرفت عليها رشا من خلال حزب الاشتراكين الثوريين، الذي انتمت إليه من أول أيام الثورة، بعد أن تعرفت على مجموعة من أعضائه في ميدان التحرير. كان الفرنسي وأم حاتم يعرفان أن علاقة رشا بسمر علاقة غرامية، وحاولا بكل دهاء وحنكة، تبديد شكوك عم نجاح والياباني.

كان عم نجاح باستمرار يقول لام حاتم:

- دول بيخشوا الأوضة في النهار، ويسنكروا الباب بالساعتين والتلاتة.

- يعني إيه يا عم نجاح، عايز البنت تقفل على نفسها مع الفرنسي ولا معاك يعني، عاداتنا كدا، البنت بتقفل على نفسها مع البنت، والواد بيقفل على نفسه مع الواد، والا انت عايزنا

زي الخواجات، عايمة، الكل يقفل على اللي عايزه. وضحكت مكركرة.

- يا ام حاتم دول بس بيطلعو من الأوضة يضربوا حشيش، ويرجعوا على طول، يقفلوا الباب على نفسيهم، أنا مش بريالة.

- يا عم نجاح إنت راجل شكاك، بنات لوحديهم، يتكلموا ويهيصوا ويفضفضوا لبعض، زي كل البنات، صفي نيتك عشان ربنا ينولك زيارة النبي.

- حقفل بقى، واعمل نفسي مش فاهم حاجة، بس انا مش بريالة، أموت واعرف ليه إنتي والفرنسي واقفين في صفها.

- احنا مش واقفين في صفها ولا حاجة، بس إن بعض الظن إثم، يا راجل يا بتاع ربنا، بنت عندها فلوس صاحبت بنت غلبانة، وبتعطف عليها، هي دي الحكاية وما فيها يا عم نجاح، والا الفقير متحرم عليه يصاحب الغني.

كان الياباني يشك أيضا في علاقة رشا وسمر، لكن الفرنسي حاول جاهدا إقناعه بأن العلاقة مجرد صداقة بين فتاة غنية وفتاة فقيرة، وكان دائما يقول له:

- يا ياباني البت رشا ربنا فتح عليها ببنت غنية تساعدها، متكونش إنت والزمن عليها، وتقعد تقول سحاقية، وقوم لوط، مش أديك بتحشش إنت وشلتك في حزب مصر القوية، بفلوس البنت سمر، وانت عايز من الدنيا إيه إلا الحشيش، كيف راسك، وسيب الخلق للخالق.

كان الياباني قد انضم إلى حزب مصر القوية، وأصبح ناشطا سياسيا، يذهب إلى المظاهرات في الميدان، واجتماعات الحزب، وأخذ يحاول جاهدا في اقناع الكوتش بالانضمام، لكن الأخير كان مشغولا في زوجته، التي جاءت إلى زيارته كما وعدته، وقد بدأ في إجراءات استخراج الفيزا، للسفر والعيش معها في هولندا، لكن كان عليه أن ينتظر سنة ونصف، حتى يبلغ الثلاثين عاما، ليسقط عنه حق التجنيد، ويستطيع أن يغادر البلد.

كان جوابه للياباني عندما يلح عليه في الانضمام للحزب:

- خد السيجارة دي، واطلع اتكيف على السطح، وسيبني في حالي، أنا بدور على واسطة تخلصلي شهادة الجندية، مش قادر أصبر سنة ونص.

أما المهندس مجدي، فاعتقد أن الحكم سيؤول في البلد إلى جماعة الإخوان، فبدأ بالتماهي مع النظام الجديد، أطلق لحية صغيرة، وادعى أنه من أنصار الجماعة منذ ثلاثين عاما، حين كان شابا يافعا في السنة الأولى الجامعية، وصار يصلي الظهر فوق السطح لوحده، وليس مع الجماعة، تحت إمامة عم نجاح.

ونتيجة الوضع الأمني غير المستتب في البلد، قل تواجده في الفندق، وأصبح يغادر العمل مبكرا، عند الساعة الواحدة، وفي الأيام التي تكون فيها الأحداث مشتعلة في وسط البلد، كان لا يحضر إطلاقا. وقد أصبح المدير الفعلي للفندق الفرنسي، بالاتفاق مع الدكتور رأفت والمهندس عبد العليم.

أما عم نجاح، فقد أعلن انتماءه للمجلس العسكري، الذي أصبح يحكم البلاد، فكانت رشا تغيظه، وتردد أمامه:

- يسقط يسقط حكم العسكر، احنا الشعب الخط الأحمر، أحد الشعارات التي حفظتها من رفاقها الاشتراكيين الثوريين.

- فيرد عليها عم نجاح:

- الجيش والشعب إيد وحدة، ثم يضيف: دي مصر، فيها خير أجناد الأرض، وربنا حفظها بجيشها.

أحيانا كان يحتد النقاش بينهما، فتتدخل ام حاتم:

- الثورة نيمت حال البلد، وانتو شايفين، مفيش في الهوتيل إلا سبع سياح، أنا خايف المخسوفة دي تقطع عيشنا.

- استغفري ربك يا ام حاتم، الرزاق ربنا، وربنا ما بينساش مخلوق.

- طيب على كدا ما تاخدش فلوس من الخواجات الكفرة، أقوم أشوف شغلي، ربنا يفرجها.

كان الفرنسي يشارك أم حاتم هذا الرأي، وغير سعيد بالثورة، وهو الوحيد الذي لم يذهب إلى ميدان التحرير، حتى لمجرد الفرجة. وقد قرر مغادرة البلد، فتعرف على فتاة إيطالية بعد الثورة مباشرة، واتفقا أن يتزوجا عندما تعود إلى مصر بعد ٤ شهور، ثم يهاجر ليعيش معها في إيطاليا.

أما عادل ويسكي فقد ألقى عليه المتظاهرون القبض يوم موقعة الجمل أثناء الثورة، كان ضمن مجموعات البلطجية،

والعاملين في السياحة من أهالي نزلة السمان، الذين هاجموا المتظاهرين في ميدان التحرير، وهم يركبون الجمال والأحصنة، وبعد أن أشبعوه ضربا ورفسا، سلموه إلى إحدى نقاط الجيش القريبة من الميدان، ومنذ ذلك اليوم لم يظهر إطلاقا أمام العمارة، أو في وسط البلد.

وأصبح برايز من ناشطي السلفيين، ورجع يتردد على الفندق، أثناء ذهابه وعودته من ميدان التحرير، ليدخن الحشيش.

بعد حوالي عام ونصف من الثورة، ونتيجة تدهور سوق السياحة في البلد، باع الدكتور رأفت حصته في الفندق للمهندس محمد، الذي وضع شبكة متكاملة من كاميرات المراقبة في جميع أنحاء الفندق، جعلت كل ما يدور خارج الغرف، مرورا بالسلالم، أمامه، على شاشة كمبيوتر في بيته، وفي مكتبه الهندسي. أما السطح فبقي خارج دائرة المراقبة، تقديرا لخصوصية السياح، الذين كان يصعد العشاق منهم هناك، يتبادلون الأحضان والقبلات، وما زاد أو قل عن ذلك، في أركانه المنزوية.

كانت هذه الخطوة بمثابة الحدث الأهم في سيرة هذا الفندق، فبينما كان الفنيون يقومون بتركيب شبكة الكاميرات، كان

عمال الفندق كأن على رؤوسهم الطير، سيطرت عليهم حالة من الصمت المطبق. وبمجرد أن انتهوا من العمل، نادى المهندس جميع عمال الفندق، بمن فيهم المهندس مجدي، وجعلهم يتحلقون حول الكمبيوتر في الريسبشن، ويشاهدون سيد الجنايني وهو يقنب الشجيرات، أمام غرفة ٣٧، ويذهب ليفتح الماء، ويمر من أمام المطبخ، إلى الأشجار التي تقع أمام الغرف من ١ إلى ٧، ثم يصعد السلم ليروي الزهور، التي تم وضعها هناك قبل أيام، قبل أن يختفي من الشاشة، الأهم من ذلك، كان العمال يشاهدون أنفسهم على الكمبيوتر، وعم نجاح ينظر إلى شاشة الكمبيوتر بانبهار، وهو يتمتم:

– سبحان الله العلي العظيم، علم الإنسان ما لم يعلم، سبحان الله العلي العظيم.

نظر المهندس محمد إليهم، وقال:

زي ما شوفتوا كل شيء بيحصل في الهوتيل حيكون متسجل بالصورة، يعني اللي منكم حيعمل عملة كدا والا كدا، يطنش الشغل، يدخل أوضة يريح، حيتمسك، ومش حيقدر يكدب، وحفصله، أو حسلمه للبوليس لو كانت سرقة أو خناقة، اديكم شوفتوا بعينيكوا، خلوا بالكوا.

خطب خطبته، وغادر، فلم يعرف العمال كيف يتصرفون، أو ماذا يفعلون، أو كيف يقومون بتأدية عملهم، وهم تحت مراقبة دقيقة، لا يمكنهم التهرب منها إطلاقا، إلى أن قال المهندس مجدي، وهو يجلس خلف الريسبشن، مخاطبا الكوتش والفرنسي:

- قريبي المهندس محمد ربنا يهديه، عايز يبوظ المصلحة بالكاميرات والمراقبة، بدل ما دفع كل الفلوس دي في الكاميرات والكلام الفاضي، كان يصلح الحمامات ويشتري شوية سراير ومراتب جديدة.

تدخل الكوتش:

- طب وطي صوتك يا هندسه ليسمعك.

- ياض السيستم دا بس صورة، مفيش صوت، مبيسمعوش حاجة.

- الحمد لله، كدا أهون.

كان عم نجاح هو العامل الوحيد في الهوتيل، الذي لم يتضايق كثيرا من نظام المراقبة الجديد، فهو لا يدخن

١٦٣

الحشيش، كما أنه لا يأخذ قيلولته في الغرف، إضافة إلى أنه لا يتكسب من النزلاء، عن طريق الرحلات السياحية، وبيع الحشيش، والأهم من ذلك، أنه كان مستأجرا للمطبخ، ومسؤول عن نفسه، وليس كباقي العمال، الذين يعملون لقاء مرتبات.

غادر المهندس مجدي، وتجمع العمال على طاولتهم المعتادة، أمام المطبخ، لتناول الغداء، فقالت أم حاتم:

- يعني دلوقتي يا فرنسي الست الهانم و جوزها بيتفرجوا علينا واحنا بناكل؟

- اه يا ام حاتم، بقينا فرجه للهانم و جوزها الباش مهندس، ومش حتقدري تريحي في الإوض، ولا تحففي الخواجات، ولا تزوغي من الشغل، أو تقعدي في المطبخ عند عم نجاح، وانا مش حقدر أحشش، ولا أبيع حشيش، ولا اعمل سبوبة من الرحلات السياحية، ولا أخش الأوضة مع صاحبتي الإيطالية لما تنزل مصر، وانت يا كوتش مش حتقدر تحشش، ولا تتكلم على السكاي بي مع مراتك، أو ترفع حديد، أما انتي يا رشا، تاخدي بعضك من دلوقتي، وتنزلي عند سمر في المهندسين، وانت يا ياباني انسى الحشيش والحريم الياباني.

- الحشيش مش مهم يا فرنسي، حبطله من بكره. وانفجر الجميع باستثناء الياباني مكهكهين.

- يعني ايه يا فرنسي، عيشنا اتقطع من المكان دا؟

- أيوه يا ام حاتم.

- الرزق بإيد ربنا يا جماعة.

- وانت يا عم نجاح، مش حتقدر تطلع تريح على السطح.

- مفيش كاميرات ياض على السطح، والا إيه؟

- مفيش، بس حيشفوك وانت طالع، وانت نازل، ويسألوك بتطلع السطح ليه، كل يوم وتغيب ساعتين.

- أنا مش عامل عندهم ياض، أنا متأجر هنا.

- مأجر المطبخ مش السطح.

- أنا مش حسيب المكان دا، إلا لما احوش فلوس الحج.

خرجت رشا عن صمتها:

- قوم ياض يا فرنسي اديني من الدرج ٥٠ جنيه، اليومين اللي اشتغلتهم في الشهر دا، أنا حمشي من هنا.

– تمشي فين يا بت؟

– حقعد عند سمر، تتحملني كام يوم، وادور على شغل، فز اديني الفلوس خليني أمشي.

– ماشي يا رشا، بس نشرب الشاي الأول.

– وانا كمان حرجع الجيم عند عبده حديد، لغاية ما احل مشكلة التجنيد، وافسخ على هولندا.

– وانا حنزل تحت عند عم جورج بتاع هوتيل النورس، دا بيترجاني أسيب هنا وانزل اشتغل عنده، وكدا أفضل في ريحك يا راجل يا طيب، أنا مش حسيبك إلا لما تجمع فلوس الحج، حتوحشونا يا ولاد، الله يجازيك يا دكتور رأفت اللي بعت للمهندس محمد.

– وانت حتعمل إيه يا ياباني؟ سأل الفرنسي.

– انا أروح اشتغل في فندق التوفيقية بتاع الكوريين، أصل الكوريين واليابانيين أخوه في الله. وانت؟

– صوفي جاية آخر الشهر، حنتجوز وافك على ايطاليا.

– بس مترجعش بعد يومين، زي المرة اللي فاتت.

– كنت حمار، مش حرجع إلا لما يكون معايا فلوس اشتري الهوتيل من المهندس محمد، واحطم الكاميرات، زي نبينا ما حطم الأصنام لما دخل الكعبة. ردد عم نجاح والكوتش: اللهم صلي على سيدنا محمد.

– يعني أقول للمهندس محمد إننا كلنا حنسيب الشغل نهاية الاسبوع، اكون دبرتله عمال يمسكوا الريسبشن؟

– انا حمشي دلوقتي ياض، فز ناولني الفلوس، قال آخر الاسبوع قال.

– ماشي يا رشا، بس انا والياباني والكوتش لازم نفضل لآخر الاسبوع، مينفعش نسيب الراجل حايس، احنا برضه كلنا من عنده عيش.

قالت أم حاتم:

– ابن اصول طول عمرك ياض، وانا حفضل معاكوا.

ذهب الفرنسي إلى الريسبشن، فلحقته رشا، فتح الدرج وأعطاها ٥٠ جنيها، فتناولت النقود وقالت:

– طب حتة حشيش أضربها مع سمر، دا انت شاريه من
فلوسها.

وضع الفرنسي يده في جيبته، كسر لها حتة، ووضعها في
يدها وهو يصافحها، فأخذتها وغادرت.

كانت الجماهير تحتفل في الميدان، بإلقاء القبض على الرئيس
المنتخب، بينما كانت رشا وسمر في طريقهما إلى المطار،
فقد تمكنت سمر من إقناع السفارة الكندية بإعطاء تأشيرة
لرشا.

لم يمض شهر على مغادرة رشا، حتى تمكن الكوتش من
اللحاق بزوجته إلى هولندا، أما الفرنسي فقد سبق الاثنين إلى
إيطاليا، ولم يأت المهندس مجدي إلى الفندق منذ غادره، في
يوم تركيب الكاميرات. وعمل الياباني في فندق التوفيقية، وأم
حاتم في فندق النورس، ولم يبق في الفندق إلا عم نجاح،
الذي لا يزال يجمع ثمن حج بيت الله الحرام، ويقال أن برايز
سافر للقتال في سوريا، وتوفيت اليزابيت فاطمة بعد الثورة
مباشرة، إثر ذبحة صدرية حادة، وركب سيد البحر مهاجرا،

١٦٨

وتمكن من الوصول إلى سواحل اليونان، ومن هناك توجه إلى السويد.

*****

كان المكان قد أخذ في الاستيقاظ من سباته الليلي، دخل عادل ويسكي وهو يحمل عقدا من الفل، فلم يقرع عمرو عامل الريسبشن الصباح، وقال:

- دوس على الزرار ياض، وامشي فَوق الهولنديين اللي في أوضة ١١، طالعين معايا الهرم.

ضغط عمرو زر البراد، وقال:

- حاضر يا باشا، أفوقهم دلوقتي. وتوجه إلى غرفة ١١، وعاد بعد دقيقة، وضع ملعقتين من الشاي، وأربعا من السكر في الكأس، سكب الماء الساخن وحركها بهمة، وقدمها إلى عادل ويسكي:

- اتفضل يا باشا، عايز حاجة تانية يا باشا؟

‏– لا ولا حاجة، تبقى تعدي عليا المغربية، وانت مروح على باب العمارة، وانا اديلك حتة حشيش تتكيف بيها، مش عايز اديهالك دلوقتي، هنا تتمسك على الكاميرات، ويتقطع عيشك.

‏– لا يا باشا، بلاش هنا، أعدي عليك المغربية وانا مروح.

‏تمت

‏كاليفورنيا ٢٠١٨

www.ingramcontent.com/pod-product-compliance
Lightning Source LLC
Chambersburg PA
CBHW031054180526
45163CB00002BA/829